DURCH STARTEN

SPANISCH GRAMMATIK

COACHINGBUCH

VerfasserInnen: Monika Veegh und Reinhard Bauer
Mitarbeit: Carmen Stach de Lastra

Diesem Buch ist ein Lösungsheft zu den Übungen beigelegt.

Entspricht der Rechtschreibreform 2006

Bibliografische Information der Deutschen Bibliothek:
Die Deutsche Bibliothek verzeichnet diese Publikation in der Deutschen Nationalbibliografie; detaillierte bibliografische Daten sind im Internet über http://dnb.ddb.de abrufbar.

VERITAS-VERLAG, Linz
www.durchstarten.at

Lektorat: Klaus Kopinitsch
Grafische Gestaltung: Gottfried Moritz
Illustrationen: Helmut „Dino" Breneis
Satz: Anton Froschauer
Herstellung: Julia Dresch

Auf umweltfreundlichem Papier gedruckt bei:
siehe https://produkt.veritas.at/14788#additional

10. Auflage 2024
ISBN 978-3-7058-7131-1

VERITAS
Lernen verbindet uns

Inhaltsverzeichnis

¡Hola, amig@s de la lengua española!

Wenn du dich beim Lernen manches Mal im „spanischen Dorf“ verirrt haben solltest, dann hältst du mit diesem Buch einen Wegweiser in der Hand, der dich sicher durch die Schwierigkeiten der spanischen Grammatik führt. Du erfährst alles, was du in den ersten drei bis vier Lernjahren brauchen wirst, und noch ein bisschen mehr, damit du auch später eine Orientierungshilfe und ein Nachschlagewerk zur Hand hast.

Der Aufbau des Buches und die Seiteneinteilung – links die „Theorie“, rechts die praktischen Übungsbeispiele – sollen dir das Lernen und Üben einfacher machen. Besonders schwierige Kapitel der spanischen Grammatik wie die Vergangenheitszeiten und der Subjuntivo werden ausführlich erklärt und geübt. Auch findest du zahlreiche Hinweise auf sprachliche „Stolpersteine“ für deutschsprachige Lerner, die dir in Zukunft keine Probleme mehr machen werden.

Um dir das Üben zu erleichtern, findest du im **Lösungsheft** eine **Vokabelliste**, die alle Wörter enthält, die du brauchst.

Falls du noch weitere Beispiele üben möchtest, dann frage in deiner Buchhandlung nach **DURCHSTARTEN SPANISCH GRAMMATIK – ÜBUNGSBUCH**. Dort findest du zum Wiederholen, Absichern und Vertiefen tausende weitere Übungssätze, geordnet nach den Kapiteln dieses Buches.

In diesem Sinne wünschen wir dir viel Erfolg und Ausdauer beim Erlernen der spanischen Sprache – und denk dran:
"¡La práctica hace al maestro!"

1. KAPITEL AUSSPRACHE UND BETONUNG

A ALPHABET

Das spanische **Alphabet** weist nur wenige Buchstaben auf, die sich vom Deutschen unterscheiden.

a	b	c	ch	d	e	f	g	h	i	j	k	l	ll	m
a	*be*	*ce*	*che*	*de*	*e*	*efe*	*ge*	*hache*	*i*	*jota*	*ka*	*ele*	*elle*	*eme*

n	ñ	o	p	q	r	rr	s	t	u	v	w	x	y	z
ene	*eñe*	*o*	*pe*	*cu*	*ere*	*erre*	*ese*	*te*	*u*	*uve*	*uve doble*	*equis*	*i griega*	*zeta*

B AUSSPRACHE

Bei der **Aussprache** ist vor allem auf folgende Buchstaben zu achten:

c vor **a, o , u** wie **/k/**	***C**armen, **C**uba*
c vor **e, i** wie ein englisches **/th/** = θ (thanks)	*Bar**c**elona, interna**c**ional*
g vor **e, i** wie ein dt. **/ch/** in Sa**ch**e	***g**ente, **G**ibraltar*
g vor allen anderen Buchstaben wie in „Garten"	***G**alápagos*
gue/gui wie dt. **/ge/ /gi/**, das **/u/** bleibt **stumm**!	*Mi**gu**el, **gu**itarra* klingt wie /Migel/ bzw. /gitarra/
j immer wie dt. **/ch/** in Sa**ch**e	*mu**j**er, **J**orge*
ch wie dt. **/tsch/** in **Tsch**inelle	***ch**ica, **Ch**ile, mu**ch**acho*
h bleibt **stumm**	***H**onduras, **H**abana, **h**ola*
ll ist ein eigener Laut, klingt wie **/lj/** in Bi**ll**ard	*Ma**ll**orca*
ñ klingt wie **/nj/** in Ko**gn**ak	*ni**ñ**a, espa**ñ**ol*
qu klingt wie dt. **/k/**, das **/u/** darf man nicht hören	***qu**é* klingt wie /ke/
z wie engl. **/th/** = [θ]	***Z**aragoza*

C BETONUNG

Auch für die **Betonung** gibt es einfache Regeln:

- Die **vorletzte Silbe** wird **betont**, wenn ein Wort auf **Vokal**, **-n** oder **-s endet**: *amigo – elegante – hola*
- Die **letzte Silbe** wird **betont**, wenn ein Wort auf einen anderen **Konsonanten** als **-n** oder **-s endet**: *autor – hospital – señor*
- Alle Wörter, die von diesen beiden Regeln **abweichen**, tragen einen **Betonungsakzent**, um die betonte Silbe zu kennzeichnen: *información – día – música – periódico* (bei den letzten beiden Wörtern ist die drittletzte Silbe betont)

A 1

Buchstabiere folgende Namen und Städte auf Spanisch:

1. Werner, 2. Marianne, 3. Bregenz, 4. Hamburg, 5. Reinhard, 6. Yvonne, 7. Verena, 8. Mathias, 9. Konstanz, 10. Innsbruck

A 2

Schreibe folgende buchstabierte Wörter richtig auf:

1. *zeta – o – erre doble – o*
2. *i griega – o – ele – a – ene – de – a*
3. *cu – u – i – jota – o – te – e*
4. *hache – e – ele – a – de – o*
5. *ce – o – eme – pe – a – eñe – e – ere – o*
6. *zeta – a – pe – a – te – o*

B 3

Trage folgende Wörter in die Tabelle ein:
Spricht man /g/ oder /ch/, /tsch/, /θ/ oder /k/?

simpático, Cervantes, Ibiza, muchacho, genial, música, Enrique, gracias, corrida, zorro, Jorge, Miguel, guerra, cena, diez, quince, Juan, café, chico, chocolate, cine, discoteca, macho, costa, jefe, Gerardo, completo, cámara, champán, página, inteligente

/g/	
/ch/	
/tsch/	
/θ/	
/k/	

C 4

Trage die folgenden Wörter in die Tabelle ein, je nachdem, ob sie auf der vorletzten, letzten oder drittletzten Silbe betont werden. Lies dir die Wörter dabei laut vor, damit sich die Betonung einprägt!

cámara, pasaporte, costa, profesora, autor, taxista, página, móvil, cerveza, instituto, amiga, nacional, señor, fotógrafo, canción, hospital, discusión, español, alemana, hostal, director, concierto, presidente, adiós, nervioso, perfecto, sábado, zapato, paella

vorletzte Silbe	letzte Silbe	drittletzte Silbe

C 5

An einigen der folgenden Wörter fehlen die Akzente – setze sie!
Um dir die Sache zu erleichtern, ist die betonte Silbe fett gedruckt.

1. *fa**mi**lia*, 2. *te**le**fono*, 3. ***fa**cil*, 4. *cama**re**ro*, 5. *restau**ran**te*, 6. *sim**pa**tico*, 7. *ca**rac**ter*, 8. *ele**gan**te*, 9. ***mu**sica*, 10. *reuni**on***

2. KAPITEL SATZBAU

A AUSSAGEN

Aussagesätze folgen dem Schema **Subjekt – Prädikat – Objekt.**

Subjekt	Prädikat	Objekt, Ergänzung
Miguel	***estudia***	***español.***
Michael	lernt	Spanisch.
	Vamos	***al teatro.***
Wir	gehen	ins Theater.

Das **Personalpronomen** kann im Unterschied zum Deutschen wegfallen, da es in der Verbform bereits enthalten ist. Es wird nur dann gebraucht, wenn es besonders hervorgehoben werden soll:
Nosotros *vamos al teatro,* ***ellos*** *van al cine.*
Wir gehen ins Theater, **sie** gehen ins Kino.

B ENTSCHEIDUNGSFRAGEN

Bei Ja/Nein-Fragen braucht man die Wortstellung nicht zu verändern, die Frage ergibt sich aus der Satzmelodie.

Im Spanischen wird **vor** der Frage ein **verkehrtes Fragezeichen** gesetzt, dasselbe gilt für die Ausrufezeichen.
¿Miguel es de Alemania? – Ist Michael aus Deutschland?
Sí, Miguel es de Alemania. – Ja, Michael ist aus Deutschland.

C ERGÄNZUNGSFRAGEN

- Bei Fragen mit Fragewort steht das Subjekt hinter dem Prädikat:
  ¿De dónde es Miguel? – Woher ist Michael?

  Die wichtigsten **Fragewörter** lauten:

¿cómo? – wie?	***¿de dónde?*** – woher?	***¿para qué?*** – wofür?
¿qué? – was?	***¿cuándo?*** – wann?	***¿quién?*** – wer?
¿dónde? – wo?	***¿cuánto?*** – wie viel?	***¿cuál?*** – welche/r/s (von beiden)?
¿adónde? – wohin?	***¿por qué?*** – warum?	

- Von ***quién*** wird die Mehrzahl ***quiénes*** gebildet, wenn man nach mehreren Personen fragt:
  ¿Quiénes son Carlos y María? – Wer sind Carlos und Maria?
- ***Cuánto*** wird mit einem nachfolgenden Nomen in Geschlecht und Zahl übereingestimmt:
  ¿Cuántos hermanos tienes? – Wie viele Geschwister hast du?
  Beachte, dass **alle Fragewörter** einen **Akzent** tragen!

A 6 **Ordne die folgenden Wörter zu Aussagesätzen:**

1. *alemán – habla – Pablo – inglés – y.*
2. *en – Austria – vivo.*
3. *Alemania – en – Hamburgo – está.*
4. *restaurante – un – a – vamos.*
5. *es – Pedro – profesor.*
6. *van – amigos – mis – cine – al.*

B 7 **Bilde aus folgenden Elementen Ja/Nein-Fragen:**

1. *¿Carmen – eres?*
2. *¿Pablo Picasso – pintor – es?*
3. *¿cuatro – euros – tienes?*
4. *¿es – Carlos – novio – el – María – de?*
5. *¿en – vives – Toledo?*
6. *¿habitaciones – tienen – libres?*
7. *¿menú – día – del – tiene – un?*
8. *¿venir – puedes – conmigo?*

C 8 **Füge die passenden Fragewörter ein:**

1. *¿..................... te llamas?*
2. *¿..................... está la estación de trenes?*
3. *¿..................... cuesta este libro?*
4. *¿Con .... vas al cine?*
5. *¿..................... son los señores Pérez?*
6. *¿..................... años tienes?*
7. *¿..................... personas hay en un curso?*
8. *¿..................... sale el tren?*
9. *¿..................... hace tu hermano?*
10. *¿..................... de estos chicos es tu amigo Pablo?*

A B C 9 **In folgenden Sätzen ist entweder ein Element zu viel oder die Wortstellung bzw. die Fragewörter sind etwas durcheinander geraten – korrigiere sie!**

1. *Dónde soy de Múnich.*
2. *¿Cuándo te llamas?*
3. *¿De dónde eres de Madrid?*
4. *Michael de es de Austria.*
5. *¿Cuándo cuestan estos zapatos?*
6. *Cómo me llamo Verena.*
7. *¿De dónde está el Hotel Central?*
8. *¿Son quiénes Pedro y Pablo?*
9. *¿El tren cuándo llega?*
10. *¿Quién hace usted?*

3. KAPITEL | VERNEINUNG

A EINFACHE VERNEINUNG

Um eine Aussage zu verneinen, stellt man den Verneinungspartikel ***no*** immer **vor** das **Verb** bzw. **vor Pronomen** und **Verb**.

Bejaht	Verneint
Vivo en Madrid.	***No vivo en Madrid.***
Ich lebe in Madrid.	Ich lebe **nicht** in Madrid.
Te quiero.	***No te quiero.***
Ich liebe dich.	Ich liebe dich **nicht**.
Me ducho con agua fría.	***No me ducho con agua fría.***
Ich dusche mich mit kaltem Wasser.	Ich dusche mich **nicht** mit kaltem Wasser.

- ***No*** hat auch die Bedeutung von **nein:**
  ¿Tú eres estudiante? – ***No, no*** *soy estudiante, soy profesora.*
  Bist du Studentin? – **Nein**, ich bin **nicht** Studentin, ich bin Lehrerin.

- ***No*** entspricht meist auch dem deutschen **„kein“:**
  No *tengo coche.* – Ich habe **kein** Auto.

B DOPPELTE VERNEINUNG

Folgende verneinende Ausdrücke verlangen die doppelte Verneinung:

nadie	niemand
nunca/jamás	nie(mals)
nada	nichts
ninguno/-a	keine, keiner

- Stehen diese Wörter **hinter** dem **Verb**, muss **vor** dem Verb auch das ***no*** stehen.
  No bebo nunca *alcohol.* – Ich trinke niemals Alkohol.
  *¿**No comes nada**?* – Isst du nichts?
  No hay ningún *hotel por aquí.* – Hier gibt es kein Hotel.

- Wenn der verneinende Ausdruck vor dem Verb steht, entfällt das ***no:***
  Nadie *me* ***escucha****./**No** me* ***escucha nadie****.*
  Keiner hört auf mich.

- Und für alle Lebenslagen gilt natürlich:
  ¡No digas nunca jamás! – Sag niemals nie!

A 10

Verneine folgende Aussagen:

1. *Paloma es directora de una escuela.*
2. *Mis padres vuelven hoy de su viaje.*
3. *Carlos tiene tres hermanos.*
4. *Tengo mucho dinero.*
5. *Mi amigo y yo vamos a ver un partido de fútbol.*
6. *El niño quiere tomar un helado.*
7. *Puedo sacar las entradas.*
8. *Hablo portugués.*
9. *Viajamos mucho.*
10. *Las tiendas están abiertas a mediodía.*

A 11

Kannst du Nein sagen?
Beantworte alle Fragen negativ:

Modelo: *¿Tomas otra copa?* ▶ *No, no tomo otra copa.*

1. *¿Tomas más café?*
2. *¿Bailas conmigo?*
3. *¿Me invitas a comer?*
4. *¿Sales conmigo?*
5. *¿Me vas a llamar?*
6. *¿Me escribes un e-mail?*
7. *¿Comemos en un buen restaurante?*
8. *¿Vamos a tomar algo?*
9. *¿Tienes hambre?*
10. *¿Me quieres?*

A B 12

Ordne folgende Wörter zu Sätzen:

1. *aquí – nadie – no – vive*
2. *Manuel – dinero – no – nunca – tiene*
3. *gracias – no – nada – más – quiero*
4. *hablo – no – no – francés*
5. *como – yo – nunca – no – chocolate*
6. *no – ellos – nada – dicen*
7. *quiero – no – hacer – nada – hoy*
8. *me – no – levanto – tarde – nunca*
9. *nada – no – comprendo*
10. *película – esta – me – no – gusta – nada*

B 13

Übersetze:

1. Ich habe keinen Hunger. 2. Wir haben kein Geld. 3. Ich möchte nichts mehr trinken. 4. Sie kommen niemals zu spät. 5. Ich habe keine Zeit. 6. Wir sprechen nicht Italienisch. 7. Nein, ich gehe nicht mit dir ins Kino. 8. Ich kenne hier niemanden. 9. Ich möchte nichts kaufen. 10. Ich mag kein Bier.

4. KAPITEL ZAHLEN

A GRUNDZAHLEN

- Von 1 bis 15 solltest du die Zahlen gut auswendig lernen:

0 – *cero*

1 – *uno*	6 – *seis*	11 – *once*
2 – *dos*	7 – *siete*	12 – *doce*
3 – *tres*	8 – *ocho*	13 – *trece*
4 – *cuatro*	9 – *nueve*	14 – *catorce*
5 – *cinco*	10 – *diez*	15 – *quince*

- Vor einem männlichen Nomen wird ***uno*** zu ***un***: 1 Euro = ***un*** *euro*
- Von 16 bis 29 zieht man Zehner und Einer zusammen:

16 – *dieciséis*	21 – *veintiuno*	26 – *veintiséis*
17 – *diecisiete*	22 – *veintidós*	27 – *veintisiete*
18 – *dieciocho*	23 – *veintitrés*	28 – *veintiocho*
19 – *diecinueve*	24 – *veinticuatro*	29 – *veintinueve*
20 – *veinte*	25 – *veinticinco*	

- Ab 30 musst du dir nur mehr die Zehner extra einprägen, sie werden dann ganz einfach vor die Einer gestellt und mit **y** verbunden.

30 – *treinta*	80 – *ochenta*
31 – *treinta* ***y*** *uno*	90 – *noventa*
40 – *cuarenta*	100 – *cien*
50 – *cincuenta*	101 – *ciento uno*
60 – *sesenta*	157 – *ciento cincuenta* ***y*** *siete*
70 – *setenta*	199 – *ciento noventa* ***y*** *nueve*

- ***Cien*** wird zu ***ciento***, wenn danach noch eine niedrigere Zahl kommt:
100 Euro = ***cien*** *euros* 150 Euro = ***ciento*** *cincuenta euros*

200 – *doscientos, -as*	700 – ***setecientos,*** *-as*
300 – *trescientos, -as*	800 – *ochocientos, -as*
400 – *cuatrocientos, -as*	900 – ***novecientos,*** *-as*
500 – ***quinientos***, *-as*	1000 – *mil*
600 – *seiscientos, -as*	1.000.000 – *un millón*

Die Hunderter werden männlich oder weiblich übereingestimmt: *doscient**os** eur**os***, aber: *doscient**as** person**as***.

> **!** Das **y** gibt es nur zwischen Zehnern und Einern, nicht nach den Hundertern!
> 234 = *doscientos treinta y cuatro*

- Eine **Milliarde** = *mil millones* – tausend Millionen
- **Preise:** 2 Euro 25 Cent = *dos (euros) con veinticinco (céntimos)*

A 14

Schreibe die folgenden Zahlen aus:

1. 14
2. 19
3. 156
4. 310
5. 487
6. 568
7. 799
8. 801
9. 922
10. 1293
11. 4555
12. 6982

A 15

Notiere die folgenden Zahlen in Ziffern:

1. *quince,* 2. *cuarenta y nueve,* 3. *quinientos cincuenta y ocho,* 4. *dos mil setecientos noventa y nueve,* 5. *dos mil ochocientos,* 6. *catorce,* 7. *veintinueve,* 8. *treinta mil,* 9. *novecientos once*

A 16

Korrigiere die folgenden Zahlen:

1. *cincocientos treinta*
2. *veinte y tres*
3. *ciento y cuarenta*
4. *sietecientos ocho*
5. *nuevecientos cuarenta*
6. *doscientos y catorce*
7. *ochenta y nuevo*
8. *cienveinte*

A 17

Schreibe die folgenden Preise aus:

1. 99 Euro 75 Cent
2. 200 Euro
3. 1 Euro 25 Cent
4. 9 Euro 99 Cent
5. 1000 Euro
6. 88 Euro 61 Cent
7. 103 Euro
8. 500 Euro

A 18

Ein bisschen Mathematik:

2 + 10 = 12	8 – 3 = 5	2 · 2 = 4
dos más diez son doce	*ocho menos tres son cinco*	*dos por dos son cuatro*

4 : 2 = 2	4,2	3%
cuatro dividido por dos son dos	*cuatro coma* (oder: *punto*) *dos*	*un tres por ciento*

Schreibe jetzt folgende Rechnungen in Zahlen aus und löse sie:

1. 49 – 7 =
2. 5 · 5 =
3. 4,3 + 0,2 =
4. 16 : 4 =
5. 450 + 50 =
6. 500 + 200 =
7. 900 : 2 =
8. 1000 – 450 =

A 19

Lies die Sätze laut und stelle die Fakten richtig:

1. *En el año 1492 Colón descubre China.*
2. *En el año 1789 empieza la Revolución Española.*
3. *En el año 1986 España entra en la Unión Americana.*
4. *En el año 2001 se introduce la moneda única europea, el dólar.*

B ORDNUNGSZAHLEN

- Die Ordnungszahlen von 1 bis 10 solltest du dir gut merken:

1.	2.	3.	4.	5.
primero, -a	*segundo, -a*	*tercero, -a*	*cuarto, -a*	*quinto, -a*
6.	7.	8.	9.	10.
sexto, -a	*séptimo, -a*	*octavo, -a*	*noveno, -a*	*décimo, -a*

- ***primero*** und ***tercero*** werden zu ***primer*** und ***tercer*** verkürzt, wenn sie vor einem männlichen Nomen stehen:

*el **primer** piso*
der erste Stock

*el **tercer** hombre*
der dritte Mann

*Carlos **Primero***
Karl der Erste

*por **primera** vez*
zum ersten Mal

- Ab zehn verwendet man – zB für Herrschernamen – immer nur die Grundzahlen, da die Ordnungszahlen als zu umständlich empfunden werden:

Carlos III ▶ *Carlos Tercero*
Alfonso X ▶ *Alfonso Décimo*
Aber: *Luis XIV* ▶ *Luis Catorce*

- Auch sonst werden die Ordnungszahlen ab 10 meist durch die Grundzahlen ersetzt:

der 5. Stock = *el quinto piso*
der 25. Stock = *el piso veinticinco*

C MENGENANGABEN

1 kg = *un kilo*
1½ kg = *kilo y medio*
½ kg = *medio kilo*
¼ kg = *un cuarto de kilo*

500 g = *quinientos gramos*
½ l = *medio litro*
2 l = *dos litros*

- Beachte, dass vor *medio* der unbestimmte Artikel *un* entfällt!
  ~~*Un*~~ *medio kilo*
- Bei Mengenangaben ist der Teilungsartikel ***de*** zu verwenden:

*medio kilo **de** queso*
ein halbes Kilo Käse

*medio litro **de** leche*
ein halber Liter Milch

B 20

Übersetze:

1. zum dritten Mal
2. im vierten Stock
3. das zweite Haus
4. das erste Kind
5. das zehnte Mal
6. die dritte Prüfung
7. die fünfte Straße

B 21

Schreibe folgende Herrschernamen aus – welcher dieser Herrscher war <u>nicht</u> König von Spanien?

1. Juan Carlos I.
2. Ludwig XVI.
3. Karl V.
4. Alfonso XII.
5. Philipp II.
6. Isabel II.

C 22

Schreibe die Mengenangaben auf dem folgenden Einkaufszettel richtig aus:

Tengo que comprar:

– ½ kg queso
– ¼ kg jamón serrano
– 1 l aceite de oliva
– 30 g chorizo
– 150 g jamón de York
– 2 l leche
– 1 kg arroz
– 250 g patatas fritas
– 2 kg manzanas

A C 23

Der kleine Carlitos soll auch einkaufen gehen – er hat aber noch Schwierigkeiten mit Zahlen und Mengenangaben. Korrigiere die Fehler auf seinem Einkaufszettel:

Tengo que comprar:

1. *un medio kilo de fresas*
2. *cincocientos gramos de queso Emmental*
3. *doscientos y cincuenta gramos de almendras*
4. *un cuatro kilo de champiñones*
5. *ciento gramos de chorizo*

5. KAPITEL NOMEN

A GESCHLECHT UND ENDUNG

- Im Spanischen werden nur männliche und weibliche Nomen unterschieden, der Artikel (*el* – männlich, *la* – weiblich) gibt das Geschlecht an. Auch an einigen Endungen kann man erkennen, ob ein Wort männlich oder weiblich ist.

Männlich		Weiblich	
el chico	der Junge	*la chica*	das Mädchen
el señor	der Herr	*la señora*	die Frau
el pintor	der Maler	*la ciudad*	die Stadt
el camarero	der Kellner	*la información*	die Information
el viaje	die Reise	*la carne*	das Fleisch

- **Männliche Nomen** enden häufig auf ***-o, -or***, **weibliche** auf ***-a, -ad, -ción, -ión.*** Nomen auf ***-e*** sind nicht eindeutig zu bestimmen, man muss den Artikel dazulernen.

Es gibt allerdings ein paar **Ausnahmen:**

- Einige häufig gebrauchte **männliche Nomen auf *-a*** sind:

el clima	das Klima	*el problema*	das Problem
el día	der Tag	*el programa*	das Programm
el idioma	die Sprache	*el sistema*	das System
el mapa	die Landkarte	*el tema*	das Thema

- Einige häufig gebrauchte **weibliche Nomen auf *-o*** sind:

la foto	das Foto	*la moto*	das Motorrad
la mano	die Hand	*la radio*	das Radio

- Berufsbezeichnungen, die auf ***-ista*** oder ***-e*** enden, können sowohl männlich als auch weiblich sein:
  el/la taxista – Taxifahrer(in) *el/la cantante* – Sänger(in)
- **Besonderheit:**
  Weibliche Nomen, die mit betontem ***a*** oder ***ha*** beginnen, tragen in der Einzahl den männlichen Artikel ***el***, im Plural lautet der Artikel ***las***, zB
  el *alma*/***las*** *almas* – die Seele/die Seelen.
  Beispiele:

el agua	Wasser	*el área*	Areal
el águila	Adler	*el arte*	Kunst
el alma	Seele	*el hada*	Fee
el ama de casa	Hausfrau	*el hambre*	Hunger

A 24

Bestimme nach der Endung das Geschlecht folgender Nomen:

1. *discusión,* 2. *lengua,* 3. *director,* 4. *autora,* 5. *compañero,* 6. *ordenador,* 7. *bolígrafo,* 8. *comunidad,* 9. *periódico,* 10. *profesor,* 11. *comunicación,* 12. *salida,* 13. *enfermedad,* 14. *enfermera,* 15. *colegio,* 16. *universidad,* 17. *familia,* 18. *playa,* 19. *año,* 20. *perro*

A 25

Trage in die Tabelle die männlichen bzw. weiblichen Entsprechungen ein:

Männlich	Weiblich	Männlich	Weiblich
escritor		*periodista*	
	profesora		*cantante*
turista		*camarero*	
	vendedora		*dentista*
estudiante		*médico*	

A 26

Unterstreiche alle Nomen, deren Geschlecht du nicht nach der Endung bestimmen kannst:

1. *coche,* 2. *hotel,* 3. *gato,* 4. *empleado,* 5. *persona,* 6. *leche,* 7. *vino,* 8. *amigo,* 9. *edad,* 10. *canción,* 11. *bar,* 12. *sol,* 13. *luna,* 14. *cine,* 15. *tarde,* 16. *chocolate,* 17. *jamón,* 18. *ensalada,* 19. *juego,* 20. *teatro,* 21. *museo,* 22. *tienda,* 23. *libro,* 24. *maleta,* 25. *manzana,* 26. *calle*

A 27

Achte darauf, dass es einige Wörter gibt, die zwar im Spanischen und Deutschen sehr ähnlich sind, sich aber dennoch im Geschlecht unterscheiden. Trage die deutsche Bezeichnung mit Artikel in die Tabelle ein:

Spanisch	Deutsch
el chocolate	
el teatro	
el cine	
el problema	
el sistema	
la radio	
el hotel	
el banco	
el producto	
el debate	
el reportaje	
el teléfono	

B PLURALBILDUNG

- Endet ein Nomen auf einen **Vokal**, hängt man im Plural ein *-s* an.
- Endet ein Nomen auf einen **Konsonanten**, hängt man *-es* an.

Einzahl		Mehrzahl	
amigo	Freund	*amigos*	Freunde
amiga	Freundin	*amigas*	Freundinnen
señor	Herr	*señores*	Herren
ciudad	Stadt	*ciudades*	Städte

C BESONDERHEITEN BEI DER PLURALBILDUNG

- Ein paar Nomen, die in der Einzahl auf ***-is*** oder ***-es*** enden, verändern sich in der Mehrzahl nicht:

Einzahl		Mehrzahl	
el lunes	der Montag	*los lunes*	die Montage
la crisis	die Krise	*las crisis*	die Krisen

- Auch einige aus Verb und Nomen zusammengesetzte Wörter verändern sich im Plural nicht:

Einzahl		Mehrzahl	
el abrelatas	der Dosenöffner	*los abrelatas*	die Dosenöffner
el cumpleaños	der Geburtstag	*los cumpleaños*	die Geburtstage
el paraguas	der Regenschirm	*los paraguas*	die Regenschirme
el sacacorchos	der Korkenzieher	*los sacacorchos*	die Korkenzieher

- Im Plural liegt der **Akzent** immer auf der gleichen Silbe wie im Singular. Da bei einer Pluralbildung mit ***-es*** aber eine Silbe hinzukommt, muss bei einigen Wörtern in der Mehrzahl ein **Betonungsakzent** gesetzt werden.

Einzahl		Mehrzahl	
la imagen	das Bild	*las imágenes*	die Bilder
el joven	der Jugendliche	*los jóvenes*	die Jugendlichen

- Umgekehrt **fällt der Betonungsakzent** weg, wenn ein Wort in der Einzahl auf der letzten Silbe betont wird, obwohl es auf ***-n*** oder ***-s*** endet.
Dies ist zB **bei allen Wörtern auf *-ción* oder *-ión*** der Fall:

Einzahl		Mehrzahl	
la canción	das Lied	*las canciones*	die Lieder
el jardín	der Garten	*los jardines*	die Gärten

B 28

Bilde die Mehrzahl von folgenden Wörtern:

1. *mesa*, 2. *maleta*, 3. *profesor*, 4. *estudiante*, 5. *jardín*, 6. *carpeta*, 7. *hotel*, 8. *calle*, 9. *escritor*, 10. *tren*, 11. *catedral*, 12. *casa*, 13. *capital*, 14. *bar*, 15. *plaza*, 16. *ordenador*, 17. *televisor*, 18. *puerta*, 19. *hijo*, 20. *hoja*, 21. *céntimo*, 22. *buey*, 23. *dibujo*, 24. *ejercicio*, 25. *palabra*, 26. *lengua*

B C 29

Wie lautet die Einzahl der folgenden Wörter?

Mehrzahl	Einzahl
1. *los miércoles*	
2. *los domingos*	
3. *los vendedores*	
4. *los cumpleaños*	
5. *los paraguas*	
6. *las estaciones*	
7. *las actividades*	
8. *los martes*	
9. *las crisis*	
10. *los alemanes*	
11. *los exámenes*	

C 30

Bei einigen der folgenden Pluralformen haben sich Fehler in der Akzentsetzung eingeschlichen – unterstreiche die falsch geschriebenen Formen. Die Zahlen neben den <u>richtigen</u> Formen ergeben zusammengezählt ein wichtiges Datum in der Geschichte.

1. *examenes* (725), 2. *hotéles* (320), 3. *canciones* (950), 4. *crímenes* (50), 5. *discusiónes* (180), 6. *jóvenes* (240), 7. *moviles* (990), 8. *raciónes* (25), 9. *jardínes* (90), 10. *imágenes* (60), 11. *informaciones* (70), 12. *profesiónes* (56), 13. *televisores* (30), 14. *reuniones* (92), 15. *tradiciónes* (93)

Die Lösungszahl lautet: ....

Trage jetzt in die Tabelle sämtliche Wörter in der Einzahl und Mehrzahl ein und achte dabei auf die Akzentsetzung!

Einzahl	Mehrzahl
1. *examen*	*exámenes*

6. KAPITEL ARTIKEL

A BESTIMMTER ARTIKEL

Im Spanischen unterscheidet man nur zwischen **männlichem** und **weiblichem** **Artikel** in Einzahl und Mehrzahl:

	Einzahl	Mehrzahl
Männlich	***el*** *amigo*	***los*** *amigos*
	der Freund	die Freunde
	el *bar*	***los*** *bares*
	die Bar	die Bars
Weiblich	***la*** *amiga*	***las*** *amigas*
	die Freundin	die Freundinnen
	la *ciudad*	***las*** *ciudades*
	die Stadt	die Städte

Wie im Deutschen verwendet man den bestimmten Artikel für etwas, das dem Zuhörer bereits bekannt ist oder schon genannt wurde.

- Es existiert auch eine sächliche Form, ***lo***, die aber nur mit Adjektiven oder Ordnungszahlen verwendet wird:
  Lo *mejor es que no digas nada.* Das Beste ist es, du sagst nichts.
  Esto es ***lo*** *más interesante.* Das ist das Interessanteste.

B UNBESTIMMTER ARTIKEL

	Einzahl	Mehrzahl
Männlich	***un*** *amigo*	***unos*** *amigos*
	ein Freund	einige Freunde
	un *libro*	***unos*** *libros*
	ein Buch	einige Bücher
Weiblich	***una*** *mesa*	***unas*** *mesas*
	ein Tisch	einige Tische
	una *ciudad*	***unas*** *ciudades*
	eine Stadt	einige Städte

- Im Unterschied zum Deutschen kann man im Spanischen auch vom unbestimmten Artikel den Plural bilden – dieser nimmt dann aber die Bedeutung von **ein paar, einige** an bzw. vor Zahlwörtern die Bedeutung von **ungefähr:**
  Tengo ***unos*** *cincuenta DVDs.* Ich habe **ungefähr** fünfzig DVDs.
- Sonst lässt man in der Mehrzahl wie im Deutschen den unbestimmten Artikel weg:
  Un amigo ► *amigos* Ein Freund ► Freunde

A
31

Setze den passenden bestimmten Artikel ein:

1. .... *familia*, 2. .... *madre*, 3. .... *padre*, 4. .... *restaurante*, 5. .... *hotel*, 6. .... *día*, 7. .... *noche*, 8. .... *libro*, 9. .... *café*, 10. .... *mesa*, 11. .... *avión*, 12. .... *estación*, 13. .... *ciudad*, 14. .... *examen*, 15. .... *ventana*

A
32

Setze folgende Wörter in die Mehrzahl:

1. *el profesor*, 2. *la película*, 3. *el árbol*, 4. *el parque*, 5. *el colegio*, 6. *la alumna*, 7. *la semana*, 8. *la capital*, 9. *la sopa*, 10. *el bar*, 11. *el helado*, 12. *el problema*, 13. *el balcón*, 14. *la plaza*, 15. *la calle*

A
33

Übersetze:

1. der Tisch, 2. das Kind, 3. das Essen, 4. das Problem, 5. die Bar, 6. die Tomate, 7. der Salat, 8. das Theater, 9. die Stadt, 10. der Platz, 11. das Bier, 12. der Apfel, 13. das Auto, 14. die Blume, 15. das Hemd

B
34

Setze die passenden unbestimmten Artikel ein:

1. .... *coche*, 2. .... *bicicleta*, 3. .... *cerveza*, 4. .... *problema*, 5. .... *mano*, 6. .... *día*, 7. .... *restaurante*, 8. .... *flor*, 9. .... *profesora*, 10. .... *museo*, 11. .... *compañero*, 12. .... *niña*, 13. .... *idioma*, 14. .... *botella*, 15. .... *hombre*

B
35

Übersetze:

1. ein paar Äpfel, 2. ein Haus, 3. Bücher und Hefte, 4. ein Computer, 5. einige Mädchen, 6. eine Reise, 7. ein Schüler, 8. einige Lehrer, 9. ein Tag, 10. ungefähr fünf Tage, 11. eine Idee, 12. ein Restaurant, 13. ein Strand, 14. einige Städte, 15. ein Moment

A | B
36

Kombiniere folgende Artikel mit den angegebenen Wörtern:

el – la – lo – los – las – un – una – unos – unas

gramática – botellas – fútbol – buen amigo – chicas – mejor – limones – vinos españoles – compañera

A | B
37

Setze die fehlenden Formen in den Raster ein:

el tren		*un mapa*	
	las imágenes		*unas copas*
el ojo		*un ejercicio*	
	los bocadillos		*unos camareros*
la mano		*una foto*	
	las almas		*unas motos*

C VERWENDUNG

Grundsätzlich verwendet man wie im Deutschen den **bestimmten** Artikel für etwas, das bereits **bekannt** ist, den **unbestimmten** für etwas **Unbekanntes.**

*Voy a comprarme **un** jersey.*
Ich werde mir **einen** Pullover kaufen.

***El** jersey, que te has comprado, es muy bonito.*
Der Pullover, den du dir gekauft hast, ist sehr hübsch.

D BESTIMMTER ARTIKEL BEI ZEITANGABEN

- Der bestimmte Artikel wird für viele Zeitbestimmungen verwendet, die im Deutschen mit einer Präposition gebildet werden:

  *Te visitaré **el** viernes.* Ich werde dich am Freitag besuchen.
  ***Los** domingos me paseo por el parque.* Sonntags gehe ich im Park spazieren.
  ***El** mes pasado estudié mucho.* Im letzten Monat habe ich viel gelernt.

- Der weibliche bestimmte Artikel wird außerdem gebraucht, um die Uhrzeit auszudrücken:

  *Son **las** cuatro.* Es ist vier Uhr.
  *A **la** una vamos a comer.* Um ein Uhr werden wir essen.

E BESTIMMTER ARTIKEL BEI TITELN

- Spricht man über eine Person, wird der bestimmte Artikel vor den Titel oder das Nomen *señor/señora* gesetzt.

  El señor González es simpático. Herr González ist sympathisch.
  La doctora Rodríguez no tiene tiempo. Frau Dr. Rodríguez hat keine Zeit.

- Wird die Person direkt angesprochen, fällt der Artikel weg:

  Buenos días, señor González. Guten Tag, Herr González.

F ARTIKEL UND PRÄPOSITION

Steht der männliche Artikel ***el*** **nach** der Präposition ***de*** bzw. ***a***, werden die beiden Wörter zu ***del*** bzw. ***al*** zusammengezogen:

*El teclado **del** ordenador está roto.* Die Tastatur des Computers ist kaputt.
*Vamos **al** cine.* Wir gehen ins Kino.

G WEGFALL DES UNBESTIMMTEN ARTIKELS VOR *OTRO* UND *MEDIO*

Otro und ***medio*** werden immer **ohne** unbestimmten Artikel gebraucht:

*Tráigame **otro** café, por favor.* Bringen Sie mir bitte noch einen Kaffee.
*Necesito **medio** litro de leche.* Ich brauche einen halben Liter Milch.

C 38

Setze die bestimmten bzw. unbestimmten Artikel ein:

1. *En .... nevera hay .... botella de vino blanco.* 2. *Carlos, ... hijo mayor de Paloma, estudia medicina en .... Universidad de Barcelona.* 3. *.......... señora Romero ha recibido .... carta importante.* 4. *Buscamos .... buen hotel en el centro de .... ciudad.* 5. *.......... restaurante Botín en Madrid es muy conocido.* 6. *En .... mesa hay .... libro y .... carpeta.* 7. *Voy a tomar .... cerveza y .... bocadillo de queso, por favor.* 8. *.......... nueva casa de mi amigo no es muy grande.* 9. *En .... playas de la Costa Brava hay muchos turistas.*

D 39

Übersetze:

1. Am Montag haben wir eine wichtige Prüfung.
2. Nächsten Sonntag gehen wir mit einigen Freunden ins Kino.
3. Um sieben Uhr fährt der Zug ab.
4. Samstags haben wir keinen Unterricht.
5. Im letzten Jahr waren wir in Mexiko auf Urlaub.
6. Es ist schon neun Uhr, wir müssen gehen.
7. Am Mittwoch fahren wir an den Strand.

E 40

Setze, falls nötig, den bestimmten Artikel ein:

1. *.......... señora García no habla alemán.*
2. *Mire, ... señor director, le presento a .... señora Barroso.*
3. *Buenos días, ... doctor, no me siento nada bien.*
4. *.......... profesor Gutiérrez ha publicado varios libros.*
5. *Buenas tardes, ... señora Martínez, ¿cómo está?*

F 41

Ordne folgende Elemente zu Sätzen und beachte dabei die Zusammenziehung von *el* mit *de* bzw. *a*:

1. *perdido / las / he / de / llaves / el / coche.*
2. *vamos / a / mañana / el / teatro.*
3. *que / tenemos / a / supermercado / ir / el.*
4. *me / no / mucho / gusta / a / jugar / el / tenis.*
5. *libro / el / de / está / el / profesor / en / mesa / la.*
6. *gato / está / el / debajo / el / armario / de.*
7. *hay / a / de / derecha / hotel / la / el / una / farmacia.*

G 42

Übersetze:

1. Ich hätte gerne noch ein Glas Wein.
2. Bitte bringen Sie mir ein anderes Messer.
3. Ich möchte bitte einen halben Liter Olivenöl.
4. In einer halben Stunde fahren wir los.
5. Bringen Sie uns noch eine Flasche Wasser, bitte.
6. Hast du ein anderes Buch für mich?
7. Ich hätte gerne noch einen Apfel, bitte.

7. KAPITEL | ADJEKTIVE

Wie im Deutschen ist das Adjektiv im Spanischen veränderlich, d.h., es muss in Geschlecht und Zahl mit dem Nomen, zu dem es gehört, übereingestimmt werden. Die Pluralbildung verläuft wie bei den Nomen.

A ADJEKTIVE AUF *-O*

	Männlich	Weiblich
Einzahl	*el chico list**o*** der kluge Junge	*la chica list**a*** das kluge Mädchen
Mehrzahl	*los chicos list**os*** die klugen Jungen	*las chicas list**as*** die klugen Mädchen

- Adjektive, deren männliche Form auf ***-o*** endet, bilden die weibliche Form auf ***-a***. Bezieht sich ein Adjektiv auf Nomen verschiedenen Geschlechts, so hat das männliche Nomen immer Vorrang:

  *Tanto las chic**as** como el chic**o** son list**os**.*
  Sowohl die Mädchen als auch der Junge sind klug.

- Anders als im Deutschen muss das Adjektiv auch dann in Geschlecht und Zahl mit dem Nomen, zu dem es gehört, übereingestimmt werden, wenn das Adjektiv beim Verb steht:

  *Las chic**as** en esta foto son muy guap**as**.*
  Die Mädchen auf diesem Foto sind sehr hübsch.
  *En esta foto hay chic**as** muy guap**as**.*
  Auf diesem Foto gibt es sehr hübsche Mädchen.

B ADJEKTIVE MIT NUR EINER ENDUNG FÜR BEIDE GESCHLECHTER

	Männlich	Weiblich
Einzahl	*el libro interesant**e*** das interessante Buch	*la novela interesant**e*** der interessante Roman
Mehrzahl	*los libros interesant**es*** die interessanten Bücher	*las novelas interesant**es*** die interessanten Romane
Einzahl	*el traje gris* der graue Anzug	*la nube gris* die graue Wolke
Mehrzahl	*los trajes gris**es*** die grauen Anzüge	*las nubes gris**es*** die grauen Wolken

- Adjektive, die auf ***-e*** oder **Konsonant** enden, haben für beide Geschlechter nur eine Form und sind nur in der Zahl veränderbar. Eine Ausnahme zu dieser Regel bilden Adjektive, die auf ***-án, -ín, -ón, -or*** enden: Ihre weibliche Form endet auf ***-a***.

A 43

Setze die passenden Adjektivendungen ein.

1. *la casa alt........*
2. *un perro pequeñ........*
3. *los castillos antigu........*
4. *actores famos........*
5. *el coche rápid........*
6. *pueblos tranquil........*
7. *unas camisas barat........*
8. *los vestidos blanc........*
9. *una ciudad modern........*
10. *las maletas suci........*
11. *torres alt........*
12. *unos bares pequeñ........*
13. *pantalones anch........*
14. *hombres ric........*
15. *la niña baj........*
16. *las profesoras simpátic........*

A 44

In diesen Sätzen hast du mehrere Nomen, aber nur ein Adjektiv. Wie lautet die entsprechende Form?

1. *Las islas y el mar son* .... (*maravilloso*)
2. *Tanto la casa como el jardín están muy bien* .... (*cuidado*)
3. *Me gusta trabajar con hombres y mujeres* .... (*activo*)
4. *La mesa, la silla y el taburete están* .... (*roto*)
5. *En esta película hay unas actrices y un actor muy* .... (*famoso*)

A 45

Ergänze die entsprechende Form des Adjektivs.

1. *Esta mesa es* .... (*moderno*)
2. *Estos supermercados no están muy* .... (*limpio*)
3. *En Segovia hay un acueducto* .... (*enorme*)
4. *Nuestras compañeras están* .... (*enfermo*)
5. *Los papeles son* .... (*blanco*)
6. *El suelo está* .... (*sucio*)
7. *Las calles están* .... (*mojado*)
8. *Estas paredes son* .... (*negro*)
9. *La casa es* .... (*blanco*)
10. *Las botellas están* .... (*vacío*)
11. *El gato y el perro son* .... (*negro*)
12. *Las chicas son muy* .... (*simpático*)
13. *El café está* .... (*dulce*)

B 46

Setze die angegebenen Adjektive an passender Stelle mit den richtigen Endungen ein.

importante – azul(2x) – dulce – trabajador – verde – gótico – veloz

1. *la botella* ....
2. *una salsa* ....
3. *las chicas* ....
4. *el cielo* ....
5. *la rata* ....
6. *los trajes* ....
7. *una iglesia* ....
8. *una ciudad* ....

C UNVERÄNDERLICHE ADJEKTIVE

In Geschlecht und Zahl unveränderlich sind Adjektive, die von einem Nomen stammen (zB *naranja, rosa, violeta, lila*) oder die zusammengesetzt sind (zB *azul claro, verde oscuro*):

los pantalones ***naranja***
die orangene Hose

los zapatos ***verde oscuro***
die dunkelgrünen Schuhe

D NATIONALITÄTSADJEKTIVE

Die Nationalitätsadjektive haben einige besondere Regeln:

- Enden sie auf Konsonant, bilden sie die weibliche Form auf ***-a:***

  alemán – alemana; inglés – inglesa

  Bei der weiblichen Form fällt der Akzent weg, da die vorletzte Silbe betont wird (*alemana – inglesa*)!

- Einige haben im Geschlecht unveränderliche Formen:

  Conozco a un político ***belga***. Ich kenne einen belgischen Politiker.
  Vive en una ciudad ***belga***. Er wohnt in einer belgischen Stadt.

  Weitere Adjektive dieser Gruppe sind:

  iraní (= iranisch), *iraquí* (= irakisch), *israelí* (= israelisch), *hindú* (= hinduistisch, indisch)

- Die anderen folgen den obigen Regeln der Adjektive auf ***-o***

Männlich auf *-o*	Weiblich auf *-a*
italiano, argentino, suizo	*italiana, argentina, suiza*

und den Adjektiven mit nur einer Endung für beide Geschlechter:

Männlich	Weiblich
un chico nicaragüense	*una chica nicaragüense*

Zur letzten Gruppe gehören auch *árabe* (= arabisch), *canadiense* (= kanadisch), *costarricense* (= costaricanisch) und *estadounidense* (= amerikanisch).

Folgende Klassifizierung von Endungen kann dir helfen, von einem Land bzw. einer Stadt das entsprechende Adjektiv abzuleiten:

-ano, -ana	*-eño, -eña*	*-és, -esa*	*-(i)ense*	*-o, -a*
peruano	*madrileño*	*portugués*	*costarricense*	*sueco*
lituano	*hondureño*	*inglés*	*canadiense*	*austríaco*

C 47

Ordne die folgenden Adjektive ihren Entsprechungen zu:

1. *naranja*
2. *rosa*
3. *azul celeste*
4. *violeta*
5. *lila*
6. *caqui*
7. *azul claro*

a. himmelblau
b. Flieder
c. rosa
d. hellblau
e. Veilchen
f. Orange
g. Khaki

D 48

Ergänze in der Tabelle die entsprechende männliche bzw. weibliche Form der Adjektive:

País	*masculino*	*femenino*
Perú		*peruana*
Austria	*austríaco*	
Inglaterra	*inglés*	
Nicaragua	*nicaragüense*	
Cuba		*cubana*
Polonia		*polaca*
España	*español*	
Francia	*francés*	
Italia		*italiana*
Bélgica		*belga*
Estados Unidos		*estadounidense*
Irán	*iraní*	
Turquía	*turco*	
Lituania		*lituana*

D 49

In diesen Sätzen stimmen die Nomen in Geschlecht und Zahl nicht immer überein. Ergänze die entsprechende Form des Adjektivs:

1. *La chica y su novio son* .... *(de México).*
2. *Esos jóvenes y esa mujer son* .... *(de Venezuela).*
3. *Leo algo sobre la historia y la geografía* .... *(de Perú).*
4. *Me interesan el idioma y la cultura* .... *(de Alemania).*
5. *Ese baile y esas canciones son* .... *(de Canadá).*
6. *Preferimos las rumbas y el ron* .... *(de Cuba).*

D 50

Woher sind diese Personen?

1. *un barcelonés,* 2. *una granadina,* 3. *un panameño,*
4. *una guatemalteca,* 5. *un salvadoreño,* 6. *un valenciano,*
7. *una sevillana*

E STELLUNG DES ADJEKTIVS

- Im Spanischen steht das Adjektiv fast immer hinter dem Nomen, das es beschreibt:

  *He comprado un móvil **nuevo**.* Ich habe ein neues Handy gekauft.

  Farben und Nationalitätsadjektive stehen immer hinter dem dazugehörigen Nomen:

  *Me encanta el cielo **azul**.* Ich liebe den blauen Himmel.
  *Bebo un cóctel **cubano**.* Ich trinke einen kubanischen Cocktail.

- Ein Adjektiv wird dem Nomen nur dann vorangestellt, wenn es eine Eigenschaft bezeichnet, die das Nomen immer hat, oder wenn es besonders hervorgehoben werden soll:

  *la **roja** sangre* – das rote Blut
  *el **famoso** cantante* – der berühmte Sänger

  Immer vor dem Nomen stehen folgende Adjektive:

cierto/a	*mismo/a*	*mucho/a*	*otro/a*	*poco/a*	*tanto/a*
manche(r, s)	gleiche(r, s)	viel	andere(r, s)	wenig	so viel

  *¿Me podría traer **otra** copa de vino tinto?*
  Könnten Sie mir **noch ein** Glas Rotwein bringen?

- Die Adjektive ***bueno*** (= gut) und ***malo*** (= schlecht) stehen meist vor dem Nomen und verlieren vor <u>männlichen</u> Nomen in der Einzahl die Endung ***-o***:

  bueno ► *buen: un **buen** hotel* <u>ABER:</u> ***una buena revista***
  malo ► *mal: un **mal** restaurante*

  Diese Regel gilt auch für die Ordnungszahlen ***primero*** (= erste/r/s) und ***tercero*** (dritte/r/s):

  primero ► *primer: el **primer** caso* <u>ABER:</u> ***la primera planta***
  tercero ► *tercer: el **tercer** día*

- Das Adjektiv ***grande*** (= groß) wird sowohl vor männlichen als auch vor weiblichen Nomen in der Einzahl zu ***gran*** verkürzt, wodurch sich aber auch seine Bedeutung ändert:

  *Es una **gran** cantante.* Sie ist eine **großartige** Sängerin.
  *Es un **gran** hombre.* Er ist ein **großartiger** Mann.

E 51

Wo muss das Adjektiv stehen? Entscheide dich!

1. *Dame caramelo. (otro)*
2. *Aquí hay helado. (buen)*
3. *Hay libros en la biblioteca. (interesantes)*
4. *Llegan al aeropuerto con tiempo por delante. (mucho)*
5. *Hay varias chicas jugando al voleibol. (guapas)*
6. *Vivo en el piso. (tercer)*
7. *En la reunión hay gente. (poca)*
8. *Siempre hay coches que no se puede adelantar. (tantos)*

E 52

Stelle die Adjektive hinter die jeweiligen Nomen:

1. *Ése es un buen restaurante.* ....
2. *Ése es un gran monumento.* ....
3. *Ése es un mal cambio.* ....
4. *Ése es un joven chico.* ....
5. *Ésa es una gran ciudad.* ....

E 53

Setze die entsprechende Form von *bueno* oder *malo* ein:

1. *Tengo un* .... *amigo en Bilbao. Menos mal que la combinación de trenes es muy* ....
2. *Hoy hace* .... *tiempo. Hace viento y llueve mucho. Es un* .... *fin de semana, con un tiempo tan* ....
3. *El menú del día no ha sido caro. 10 euros me parece un* .... *precio.*
4. *¿Has visto? Tengo una* .... *foto de ti.*
5. *¿A qué hora sale el avión? ¿A las 10? Me parece* .... *hora. Bueno, entonces, ¡*.................... *viaje!*

E 54

Übersetze folgende Postkarte aus Argentinien:

Liebe Freunde,

Buenos Aires ist eine große Stadt mit einem wichtigen Hafen. Viele Touristen besuchen diesen großen Hafen.
Ich mache für euch noch ein Foto von den alten Schiffen. Im dritten Stock des Hotels tanzen sie den berühmten argentinischen Tango, im ersten Stock gibt es ein gutes Restaurant.

Viele Grüße aus Argentinien,

Juan

F STEIGERUNG DES ADJEKTIVS

Wie im Deutschen unterscheidet man auch im Spanischen drei Stufen des Adjektivs:

POSITIV (Grundform)	*Ana es **curiosa**.*	Ana ist **neugierig**.
KOMPARATIV (Vergleichsform)		
1. Gleichheit	*Ana es **tan curiosa como** su hermano.*	Ana ist so neugierig wie ihr Bruder.
2. Überlegenheit	*Ana es **más curiosa que** su hermano.*	Ana ist neugieriger als ihr Bruder.
3. Unterlegenheit	*Ana es **menos curiosa que** su hermano*	Ana ist weniger neugierig als ihr Bruder.
SUPERLATIV	*Ana es **la más curiosa**.*	Ana ist die neugierigste.

- Vergleichst du zwei Elemente, die einander gleichen, dann verwendest du die Struktur ***tan*** **+ Adjektiv +** ***como***:

  *Es **tan alto como** yo.* Er ist **so** groß **wie** ich.

- Ist ein Element überlegen, lautet die Struktur ***más*** **+ Adjektiv +** ***que***:

  *El libro es **más interesante que** la película.*
  Das Buch ist **interessanter als** der Film.

- Bei Unterlegenheit hingegen heißt es ***menos*** **+ Adjektiv +** ***que***:

  *Este chico es **menos trabajador que** esta chica.*
  Dieser Junge ist **weniger** fleißig **als** dieses Mädchen.

Eigene Formen haben folgende Adjektive:

POSITIV	KOMPARATIV		SUPERLATIV	
bueno, -a	*mejor*	besser	*el/la mejor*	der/die beste
malo, -a	*peor*	schlechter	*el/la peor*	der/die schlechteste
grande	*mayor*	älter	*el/la mayor*	der/die älteste
pequeño, -a	*menor*	jünger	*el/la menor*	der/die jüngste

Für den **Superlativ** verwendest du die Struktur

el/la/los/las **+** ***más/menos*** **+ Adjektiv**

oder du hängst an den Stamm des Adjektivs die Endung ***-ísimo/a/os/as*** an
(= **absoluter Superlativ**).

Der Endvokal des Adjektivs fällt dabei weg:
cómod-ø ► *comod-**ísimo*** (= sehr/äußerst bequem)

F 55

***Sopa de letras*: Suche 10 Verkehrsmittel und 7 Adjektive!**

B	I	C	I	C	L	E	T	A	T	R	E
A	C	O	M	O	D	O	R	U	R	T	N
R	I	C	G	M	N	L	A	V	I	O	R
A	L	H	O	M	T	Z	N	T	M	O	T
T	R	E	N	E	U	S	V	O	K	P	L
O	N	C	V	T	A	X	I	V	B	M	E
F	R	S	T	R	U	V	A	V	I	O	N
G	A	U	T	O	B	U	S	P	O	T	T
H	I	L	M	N	A	P	C	A	R	O	O
I	J	K	Q	P	R	A	C	T	I	C	O
J	K	L	M	N	C	O	P	Q	R	S	T
S	E	G	U	R	O	R	A	P	I	D	O

Medios de transporte:

....

....

....

....

....

....

Adjetivos:

....

....

....

F 56

Vergleiche nun die gefundenen Verkehrsmittel!

Modelo: *Ir a pie es más seguro que viajar en coche.*

ir
viajar *en*

¿ ?
medios de transporte

más... que
menos... que
tan... como

adjetivo
¿ ?

F 57

Ersetze in diesen Sätzen die Form *muy* (= sehr) + Adjektiv durch den absoluten Superlativ:

Modelo: *muy bueno* ▶ *buenísimo*

1. *Sus tíos son **muy ricos**.*
2. *Su madre es **muy simpática**.*
3. *Estamos **muy contentos**.*
4. *Esto es algo **muy normal**.*
5. *Es un chico **muy guapo**.*
6. *Las chicas están **muy cansadas**.*
7. *Lleva unos pantalones **muy graciosos**.*
8. *Es una clase **muy aburrida**.*
9. *Estos libros son **muy interesantes**.*
10. *El ejercicio es **muy fácil**.*
11. *Ir en tren es **muy barato**.*

8. KAPITEL ADVERB

Das Adjektiv dient zur näheren Beschreibung eines Nomens, das **Adverb** oder ***el adverbio*** (Umstandswort) hingegen dient zur näheren Beschreibung von Verben, Adjektiven oder anderen Adverbien:

Adjektiv	Adverb
Nähere Beschreibung eines Nomens (wie ist etwas?) ***bueno/-a*** *Es un cantante **bueno**.* Er ist ein guter Sänger.	**Adverb + Verb** (wie wird etwas gemacht?) ***bien*** *Sabe **cantar bien**.* Er kann gut singen.
*Es una cantante **buena**.* Sie ist eine gute Sängerin.	**Adverb + Adjektiv** ***muy*** *Es un concierto **muy bueno**.* Das ist ein sehr gutes Konzert.
	Adverb + Adverb ***bastante*** *Canta **bastante bien**.* Er singt ziemlich gut.
Adjektiv = veränderlich	**Adverb = unveränderlich !!!**

A BILDUNG DES ADVERBS

Neben den **ursprünglichen** oder **einfachen Adverbien** wie ***bien*** (gut), ***mal*** (schlecht), ***hoy*** (heute), ***más*** (mehr), ***ya*** (schon) etc. gibt es von einem Adjektiv **abgeleitete Adverbien** auf ***-mente***. Grundsätzlich kann man also aus jedem Eigenschaftswort ein Adverb bilden, wenn man damit beschreiben will, wie etwas geschieht oder gemacht wird:

*Trabaja cuidadosa**mente**.* Er arbeitet sorgfältig.

- Abgeleitete Adverbien bildet man durch das Anhängen der Endung ***-mente*** an die weibliche Form des jeweiligen Adjektivs:

Adjektiv	Grundform	Übergangsform	+ *-mente*
auf **o/a**	*tranquil**o/a***	*tranquil**a*** (weibl.)	*tranquila**mente***
auf **e**	*elegante*	*elegante*	*elegante**mente***
auf **Konsonant**	*fácil*	*fácil*	*fácil**mente***

- Trägt das Adjektiv einen Akzent wie in ***fácil***, bleibt dieser beim Adverb erhalten, obwohl die Hauptbetonung auf ***-mente*** liegt.
- Folgen zwei oder mehr Adverbien aufeinander, hat nur das letzte die Endung ***-mente***. Die übrigen tragen die **weibliche Endung:**

  *La bailarina se mueve **lenta** y **elegantemente**.*
  Die Tänzerin bewegt sich langsam und elegant.

A 58

Ordne die Adverbien ihrer Bedeutung nach:

~~también~~, no, jamás, tampoco, acaso, quizá(s), bastante, despacio, sucesivamente, encima, fuera, ayer

Adverbios			
de lugar **(Ort)**	***de tiempo*** **(Zeit)**	***de modo*** **(Art, Weise)**	***de cantidad*** **(Menge)**

fácilmente, más, tan, verdaderamente, dentro, mal, luego, primeramente, sí, ciertamente, después, cerca, hoy, allí

Adverbios			
de orden **(Ordnung)**	***de afirmación*** **(Bejahung)**	***de negación*** **(Verneinung)**	***de duda*** **(Zweifel)**
	también		

aquí, lejos, mañana, antes, entonces, bien, así, veloz, poco, nunca, mucho, tanto, últimamente

A 59

Leite von folgenden Adjektiven die entsprechenden Adverbien ab:

1. *paciente*	6. *lento*
2. *difícil*	7. *normal*
3. *tranquilo*	8. *perfecto*
4. *general*	9. *terrible*
5. *directo*	10. *horizontal*

A 60

Bilde das Adverb und setze es an passender Stelle ein:

exacto – oficial – normal – tranquilo – terrible – perfecto

1. *Estoy* .... *bien.*
2. *El congreso termina* .... *mañana.*
3. *La vida es* .... *cara.*
4. .... *estudian mucho.*
5. *El alumno escribe* .... *y* .... *sus tareas.*

B GEBRAUCH VON *MUY/MUCHO*

- Es gibt aber auch Eigenschaftswörter, die in ihrer männlichen Form als Adverb verwendet werden. Dies gilt vor allem für ***mucho*** (sehr, viel).

	muy* (sehr) steht bei Adjektiven und Adverbien: *Carmen es **muy** bonita.* Carmen ist sehr hübsch.
	mucho (sehr, viel) steht bei Verben, ***mucho/os/a/as*** kann aber auch Adjektiv sein:
Adverb	*Carmen estudia **mucho**.* Carmen lernt viel. *El coche me gusta **mucho**.* Das Auto gefällt mir sehr.
Adjektiv	*Yo tengo **muchos** amigos.* Ich habe viele Freunde. *Hay **mucha** gente.* Es gibt viele Leute.

! **muy* kann <u>**nie**</u> vor *mucho* stehen! Im Spanischen verwendet man für „sehr viel" ***muchísimo:***
*Carmen estudia **muchísimo**.* Carmen lernt **sehr viel**.

- Ähnliches gilt für die Wörter ***demasiado*** (zu viel/e) und ***poco*** (wenig/e): Sie werden sowohl als Adjektiv als auch als Adverb verwendet:

*Tenemos demasiad**os**/poc**os** amig**os**.* Wir haben zu viele/wenige Freunde.	► als **Adjektiv** mit dem Bezugswort **übereingestimmt**
*Carmen estudia **demasiado/poco**.* Carmen lernt zu viel/wenig.	► als **Adverb unveränderlich**

C GEBRAUCH VON *TAN/TANTO*

- ***Tan*** (so) kann vor einem Adjektiv oder einem Adverb stehen:

  *Carlos es **tan** fuerte como Juan.* Carlos ist so stark wie Juan.
  *¡No hables **tan** mal de ellos!* Sprich nicht so schlecht über sie!

- ***Tanto*** (so viel) steht nach einem Verb oder vor den Adverbien *más, menos, mejor* und *peor*:

  *¿Por qué estudias **tanto**?* Warum lernst du so viel?
  ***Tanto** mejor/peor para ella.* Um so besser/schlechter für sie.

- Steht ***tanto (-a/-os/-as)*** vor einem Nomen, ist es ein Adjektiv und muss mit dem Bezugswort übereingestimmt werden:

  *Carmen tiene **tantas** amig**as** como su hermana.*
  Carmen hat so viele Freundinnen wie ihre Schwester.

B **61**

Ergänze in den folgenden Sätzen *muy/mucho* oder *mucho/os/a/as*:

1. *Si hace buen tiempo, me gusta* .... *ir a la playa.*
2. *Un billete de ida y vuelta no cuesta* ....
3. *En la playa siempre hay* .... *gente tomando el sol.*
4. .... *niños están construyendo castillos de arena.*
5. *Observar a toda esa gente es* .... *interesante.*
6. .... *veces tomo un cortado en un bar* .... *moderno donde no hay* .... *turistas.*

C **62**

Ergänze in diesen Sätzen *tan/tanto* bzw. *tanto/os/a/as*:

1. *¿*.................... *temprano quieres salir de excursión?*
2. *Aquí viene a esquiar* .... *gente que no quedan habitaciones libres.*
3. *¿Por qué trabaja* .... *? – Es que tiene* .... *trabajo ...*
4. *Hablo el español* .... *bien como ella.*
5. *Este paisaje me gusta* .... *que siento tener que irme.*
6. *Yo tengo* .... *amigas como mi hermano.*
7. *Su hermana no es* .... *guapa como ella.*
8. *Hay* .... *coches en este aparcamiento que no encuentro mi coche.*

B C **63**

Übersetze:

1. Dieses Dorf gefällt mir sehr.
2. Leider gibt es viele Touristen, die nur wenig Spanisch sprechen.
3. Es gibt nicht so viele Bars wie in einer großen Stadt.
4. Hier ist das Leben sehr anstrengend.
5. Die Kellner sind so fleißig ...
6. Sie arbeiten sehr viel.
7. Ich habe hier so viele Freunde wie in der Stadt.

9. KAPITEL | VERBEN IM PRÄSENS

A REGELMÄSSIGE VERBEN

Es gibt, je nach Endung im Infinitiv (Nennform), drei Klassen von regelmäßigen Verben:

- A-Konjugation: **Verben auf *-ar***
- E-Konjugation: **Verben auf *-er***
- I-Konjugation: **Verben auf *-ir***

Die **Endungen** enthalten bereits die **vollständige Personalform**, d.h., man muss das Personalpronomen (*yo, tú, ...*) nicht immer dazusagen.

1. Abwandlung der Verben auf *-ar*

	Infinitiv		*comprar*	kaufen
Einzahl	1. Person	*yo*	*compr**o***	ich kaufe
	2. Person	*tú*	*compr**as***	du kaufst
	3. Person	*él, ella, usted*	*compr**a***	er/sie kauft, Sie kaufen
Mehrzahl	1. Person	*nosotros, -as*	*compr**amos***	wir kaufen
	2. Person	*vosotros, -as*	*compr**áis***	ihr kauft
	3. Person	*ellos, ellas, ustedes*	*compr**an***	sie/Sie kaufen

Die Verwendung des Personalpronomens ist meist nicht nötig:

Compro una bicicleta. ▶ Ich kaufe ein Fahrrad.

Nur wenn man die Person hervorheben will, setzt man zusätzlich das Pronomen:

***Yo** compro una bicicleta, **él** una moto.* ▶ **Ich** kaufe ein Fahrrad, **er** ein Motorrad.

Für die **Höflichkeitsanrede** verwendet man jeweils die **dritte Person** Einzahl oder Mehrzahl, je nachdem, ob man eine oder mehrere Personen anspricht.

2. Abwandlung der Verben auf *-er* und *-ir*

	Infinitiv	*beber* – trinken	*abrir* – öffnen
Einzahl	1. Person	*beb**o***	*abr**o***
	2. Person	*beb**es***	*abr**es***
	3. Person	*beb**e***	*abr**e***
Mehrzahl	1. Person	*beb**emos***	*abr**imos***
	2. Person	*beb**éis***	*abr**ís***
	3. Person	*beb**en***	*abr**en***

Alle regelmäßigen Verben werden nach dem Muster dieser drei Konjugationsformen abgewandelt.

A 64

Verbinde die spanischen mit den entsprechenden deutschen Verbformen:

1. *vendemos*
2. *pregunto*
3. *escucháis*
4. *trabajan*
5. *comen*
6. *crees*
7. *escribís*
8. *vivimos*
9. *hablas*
10. *aprendéis*

a. sie arbeiten
b. wir leben
c. du sprichst
d. ich frage
e. wir verkaufen
f. sie essen
g. ihr lernt
h. ihr hört
i. du glaubst
j. ihr schreibt

A 65

Setze die Verbformen ein:

1. *Carmen y María (trabajar) .... en una oficina.*
2. *(vivir, nosotros) .... en Viena, la capital de Austria.*
3. *¿Cuándo me (visitar, tú) .... en Madrid?*
4. *No (beber, yo) .... alcohol.*
5. *¿Por qué no (abrir, vosotros) .... la ventana?*
6. *Carlos, ¿(comer, tú) .... pescado?*
7. *Señor Herrera, usted (vivir) .... en Toledo, ¿verdad?*
8. *Mi hermano y yo (aprender) .... español y portugués.*
9. *Y usted, señora, ¿qué lenguas (hablar) ....?*
10. *Yo no (leer) .... mucho, pero mi hermana sí.*
11. *¿Qué música (escuchar, vosotros) ....?*
12. *¿A qué hora (llegar) .... el tren?*
13. *Miguel le (escribir) .... una postal a su amiga Nuria.*
14. *¿(Desear) .... usted algo más, señor?*
15. *No (comprender, yo) .... la gramática.*

A 66

Übersetze die Verbformen – in der Klammer findest du jeweils den Infinitiv:

1. ich zahle (*pagar*), 2. wir lernen (*aprender*), 3. du glaubst (*creer*), 4. ihr schreibt (*escribir*), 5. sie lesen (*leer*), 6. wir laufen (*correr*), 7. ich reise (*viajar*), 8. sie kaufen (*comprar*), 9. du verkaufst (*vender*), 10. wir helfen (*ayudar*), 11. ihr versteht (*comprender*), 12. sie sprechen (*hablar*), 13. du fragst (*preguntar*), 14. wir essen (*comer*), 15. ihr erlaubt (*permitir*), 16. ich hoffe (*esperar*), 17. du lernst (*aprender*).

B VERBEN MIT ORTHOGRAFISCHEN VERÄNDERUNGEN IN DER 1. PERSON

Einige ansonsten regelmäßige Zeitwörter verändern aus Aussprachegründen die Schreibung in der 1. Person Einzahl:

1. Verben auf *-ecer, -ocer, -ucir*

In der 1. Person Einzahl Veränderung von ***c* ▶ *zc:***

conocer – kennen	*ofrecer* – anbieten	*conducir* – fahren
*cono**zco***	*ofre**zco***	*condu**zco***
conoces	*ofreces*	*conduces*
conoce	*ofrece*	*conduce*
conocemos	*ofrecemos*	*conducimos*
conocéis	*ofrecéis*	*conducís*
conocen	*ofrecen*	*conducen*

Nach demselben Muster werden folgende Verben abgewandelt:

agradecer	danken	*pertenecer*	gehören
crecer	wachsen	*reconocer*	(an)erkennen
nacer	geboren werden	*producir*	produzieren
obedecer	gehorchen	*traducir*	übersetzen
permanecer	bleiben		

2. Verben auf *-ger* und *-gir*

In der 1. Person Einzahl Veränderung von ***g* ▶ *j*:**

*co**g**er* – nehmen ▶ *co**j**o, coges, coge, cogemos, cogéis, cogen*
*diri**g**ir* – leiten ▶ *diri**j**o, diriges, dirige, dirigimos, dirigís, dirigen*

Nach demselben Muster werden folgende Verben abgewandelt:

		Mit Vokalveränderung *e* ▶ *i*	
mugir	brüllen, muhen	*corregir*	verbessern
proteger	(be)schützen	*elegir*	wählen
restringir	einschränken	*regir*	regieren

3. Verben auf *-cer* nach Konsonant

In der 1. Person Einzahl Veränderung von ***c* ▶ *z:***

*ven**c**er* – besiegen ▶ *ven**zo**, vences …*

Ebenso auch *convencer* – überzeugen

B 67

Ergänze die Tabelle um die fehlenden Formen:

Einzahl	Mehrzahl
crezco	
	dirigimos
convenzo	
	producimos
conozco	
	protegemos
obedezco	
	traducimos
corrijo	

A B 68

Beantworte die Fragen:

Modelo: *¿Dónde vives? (en Madrid)* ▶ *Vivo en Madrid.*

1. *¿Conoces a Carlos? (no)*
2. *¿Qué estudiáis? (medicina)*
3. *¿Dónde vive usted? (en Berlín)*
4. *¿Qué libro eliges? (el libro de historia)*
5. *¿Vendéis el coche? (no)*
6. *¿Cuántos idiomas habláis? (tres)*
7. *¿Qué coche conduces? (un SEAT)*
8. *¿Adónde viajan ustedes? (a Valencia)*
9. *¿Crees que Pedro dice la verdad? (sí)*
10. *¿Comprendéis todas las reglas? (sí)*

A B 69

Setze die Verbformen ein:

1. *¿(Tomar, vosotros) .... café con nosotros?*
2. *No (hablar, nosotros) .... alemán.*
3. *Mis amigos españoles (llegar) .... hoy.*
4. *No (conocer, yo) .... la nueva película de Alejandro Amenábar.*
5. *Esta fábrica (producir) .... televisores.*
6. *Mis padres no me (permitir) .... salir.*
7. *Mis compañeros de trabajo y yo últimamente (discutir) .... mucho.*
8. *Ahora (coger, yo) .... un taxi para ir a casa.*
9. *(Pagar, yo) .... con tarjeta de crédito.*
10. *¿Me (ayudar, vosotros) .... por favor?*
11. *Mis profesores (corregir) .... todos los deberes.*
12. *(Traducir, yo) .... unas cartas comerciales.*

C VERBEN MIT DIPHTHONG

Bei etlichen Verben verändert sich der Stammvokal in den **stammbetonten** Formen (die drei Personen der Einzahl sowie die 3. Person Mehrzahl) zu einem **Diphthong** (Zwielaut). An der Nennform kann man nicht erkennen, ob ein Zeitwort diphthongiert – daher solltest du dir im Vokabelheft bei diesen Zeitwörtern einen entsprechenden Vermerk machen!

- ***e* ► *ie***

cerrar – schließen	*querer* – wollen, lieben	*preferir* – vorziehen
cierro	*quiero*	*prefiero*
cierras	*quieres*	*prefieres*
cierra	*quiere*	*prefiere*
cerramos	*queremos*	*preferimos*
cerráis	*queréis*	*preferís*
cierran	*quieren*	*prefieren*

Weitere wichtige Verben mit derselben Veränderung sind:

comenzar – beginnen, *despertarse* – aufwachen, *empezar* – anfangen, *encender* – einschalten, *entender* – verstehen, *mentir* – lügen, *nevar* – schneien, *pensar* – denken, *recomendar* – empfehlen, *sentar(se)* – (sich) setzen, *sentir(se)* – (sich) fühlen

- ***o* ► *ue***

probar – probieren	*poder* – können	*dormir* – schlafen
pruebo	*puedo*	*duermo*
pruebas	*puedes*	*duermes*
prueba	*puede*	*duerme*
probamos	*podemos*	*dormimos*
probáis	*podéis*	*dormís*
prueban	*pueden*	*duermen*

Weitere wichtige Verben mit derselben Veränderung sind:

contar – zählen, erzählen; *doler* – schmerzen, *encontrar* – finden, *morir* – sterben, *mostrar* – zeigen, *mover* – bewegen, *oler* – riechen, *llover* – regnen, *sonar* – klingen, *soñar* – träumen, *volver* – zurückkommen

Da es am Wortanfang keinen Diphthong gibt, wird bei ***oler*** in den betreffenden Formen ein ***h* vorangestellt:** ~~*uelo*~~ ► *huelo*

C 70

Streiche die falschen Verbformen durch und stelle sie richtig:

1. *entendo*
2. *puedes*
3. *encuentramos*
4. *dole*
5. *recomiendas*
6. *vuelvéis*
7. *sueño*
8. *mentís*
9. *neva*
10. *mueve*
11. *ueles*
12. *podemos*
13. *quero*
14. *cierran*
15. *prefere*

C 71

Setze *querer, preferir, poder, recomendar, volver* (2x) in der richtigen Form ein:

1. *¿A qué hora .... (tú) de clase? – .... (yo) a eso de las dos.*
2. *Lo siento, no .... ir a la fiesta, es que no tengo tiempo.*
3. *¿............................ (tú) tomar café? – No, gracias, el café no me gusta, ... el té.*
4. *¿Conoces el restaurante "Botín"? – Sí, te lo .... (yo), allí se come muy bien.*

C 72

Ergänze die fehlenden Verbformen:

Einzahl	Mehrzahl
quieres	
	preferimos
cierra	
	pensáis
sientes	
	encuentran
miento	
	contamos
duele	

A B C 73

Setze die Verbform richtig ein:

1. *No (comprender, yo) .... lo que dices.*
2. *¿Qué (pensar, tú) .... de este asunto?*
3. *(Conocer, yo) .... bastante bien Madrid.*
4. *Muchos padres no (entender) .... a sus hijos.*
5. *¿(Poder, tú) .... ir al cine conmigo?*
6. *¿A qué hora (cerrar) .... las tiendas?*
7. *Te (agradecer, yo) .... mucho tu ayuda.*
8. *En el norte de España (llover) .... mucho.*
9. *Los niños (correr) .... a casa.*
10. *No (encontrar, yo) .... las llaves del coche.*
11. *Ah, ¡aquí (oler) .... muy bien!*

- *u* ▶ ***ue***

jugar – spielen	
juego	**Einziges** Zeitwort mit dieser Vokalveränderung
juegas	*Jugar **al** fútbol* ▶ Fußball spielen
juega	
jugamos	**Aber:**
jugáis	*Tocar un instrumento* ▶ ein Instrument spielen
juegan	

D VERBEN MIT VOKALWECHSEL *E* ZU *I*

Nach demselben Prinzip wie bei den Verben mit Diphthong verändern einige Zeitwörter auf ***-ir*** den Stammvokal in den **stammbetonten** Formen (drei Personen der Einzahl und 3. Person Mehrzahl) von ***e* zu *i***.

pedir – bitten	*reír* – lachen	*seguir* – folgen
pido	*río*	*sigo*
pides	*ríes*	*sigues*
pide	*ríe*	*sigue*
pedimos	*reímos*	*seguimos*
pedís	*reís*	*seguís*
piden	*ríen*	*siguen*

Beachte bei ***seguir*** und allen Zusammensetzungen von diesem Zeitwort (zB *conseguir* – erreichen, *perseguir* – verfolgen), dass in der 1. Person Einzahl aus Aussprachegründen das ***u*** vor dem Endungsvokal **entfällt**! Weitere wichtige Verben mit Vokalwechsel sind:

corregir – korrigieren, *despedirse* – sich verabschieden, *elegir* – wählen, *impedir* – verhindern, *medir* – messen, *repetir* – wiederholen, *servir* – dienen, *vestirse* – sich ankleiden

E VERBEN AUF *-UIR*

Bei einigen Zeitwörtern auf *-ir* trifft der Stammvokal *u* direkt auf die Endung – in diesen Fällen wird in den stammbetonten Formen ein ***y*** eingeschoben:

huir – flüchten	Ebenso:	
huyo	*concluir*	ableiten
huyes	*construir*	bauen
huye	*destruir*	zerstören
huímos	*disminuir*	verringern
huís		
huyen		

CD 74

Ergänze mit *e, ie, o, u, ue, i*:

cerrar	*empezar*	*contar*	*elegir*	*poder*
p.... demos	*p.... dimos*	*rep.... to*	*el.... gimos*	*c.... ntas*
qu.... réis	*emp.... zan*	*j.... gas*	*s.... guimos*	*p.... dís*
j.... gamos	*p.... déis*	*s.... go*	*emp.... záis*	*c.... ntamos*
rep.... tes	*qu.... ro*	*el.... jo*	*c.... rra*	*emp.... zo*
j.... go	*s.... gues*	*rep.... timos*	*c.... rramos*	*qu.... res*
pedir	***repetir***	***jugar***	***querer***	***seguir***

CDE 75

Bilde jetzt die Verbformen zur angegebenen Person:

1. *yo*	.... *jugar*	.... *repetir*	.... *huir*	.... *servir*
2. *tú*	.... *seguir*	.... *reír*	.... *pedir*	.... *elegir*
3. *él/ella usted*	.... *destruir*	.... *oler*	.... *cerrar*	.... *poder*
4. *nosotros nosotras*	.... *encontrar*	.... *corregir*	.... *concluir*	.... *entender*
5. *vosotros vosotras*	.... *sentir*	.... *preferir*	.... *querer*	.... *empezar*
6. *ellos, -as ustedes*	.... *dormir*	.... *contar*	.... *volver*	.... *doler*

CDE 76

Übersetze die Verbformen:

1. ich spiele
2. wir wählen
3. du bevorzugst
4. sie möchten
5. ihr beginnt
6. sie schließen
7. ich fliehe
8. wir lachen
9. es riecht
10. ich wiederhole
11. du fühlst
12. du kehrst zurück
13. ich finde
14. er zerstört
15. sie bauen

CDE 77

Setze die Verbformen richtig ein:

1. *Le (pedir, yo) .... perdón a mi amigo.*
2. *Los inmigrantes (huir) .... de la miseria.*
3. *Carlos y yo (querer) .... salir esta tarde.*
4. *¿De qué te (reír, tú) .... tanto?*
5. *No (poder, yo) .... encontrar mis gafas.*
6. *(Repetir, yo) .... la gramática.*
7. *Los niños ya (dormir) ....*

F UNREGELMÄSSIGE VERBEN

Etliche Verben weisen Unregelmäßigkeiten auf; da gerade diese Zeitwörter am häufigsten gebraucht werden, solltest du sie gut lernen und immer wieder wiederholen.

ser – sein	*estar* – sein, sich befinden	*ir* – gehen, fahren	*dar* – geben
soy	*estoy*	*voy*	*doy*
eres	*estás*	*vas*	*das*
es	*está*	*va*	*da*
somos	*estamos*	*vamos*	*damos*
sois	*estáis*	*vais*	*dais*
son	*están*	*van*	*dan*

decir – sagen	*ver* – sehen	*oír* – hören
digo	*veo*	*oigo*
dices	*ves*	*oyes*
dice	*ve*	*oye*
decimos	*vemos*	*oímos*
decís	*veis*	*oís*
dicen	*ven*	*oyen*

Einige Verben sind eigentlich nur in der **ersten Person Einzahl** unregelmäßig:

tener – haben	*hacer* – machen, tun	*poner* – setzen, legen, stellen	*traer* – bringen
tengo	***hago***	***pongo***	***traigo***
tienes	*haces*	*pones*	*traes*
tiene	*hace*	*pone*	*trae*
tenemos	*hacemos*	*ponemos*	*traemos*
tenéis	*hacéis*	*ponéis*	*traéis*
tienen	*hacen*	*ponen*	*traen*

saber – wissen, können	*venir* – kommen	*salir* – aus-, weggehen	*caer* – fallen
sé	***vengo***	***salgo***	***caigo***
sabes	*vienes*	*sales*	*caes*
sabe	*viene*	*sale*	*cae*
sabemos	*venimos*	*salimos*	*caemos*
sabéis	*venís*	*salís*	*caéis*
saben	*vienen*	*salen*	*caen*

F 78 **Ordne die Verbformen den entsprechenden Personen zu:**

pongo – venimos – sabes – oigo – ven – vas – tiene – hacéis – vengo – dice – salgo – da – vamos – veo – pones – viene – dices – digo – tenéis – estás – soy – eres – sé – doy – cae – estoy – somos – oyes – voy – traigo – ponemos – es – están – dan – tenemos

yo	*tú*	*él, ella, usted*	*nosotros, nosotras*	*vosotros, vosotras*	*ellos, ellas, ustedes*

F 79 **Bilde Sätze aus den gegebenen Elementen:**

Modelo: *Yo / tener / mucho / libro* ▶ *Tengo muchos libros.*

1. *Vosotros / no / decir / verdad.*
2. *Yo / no / saber / italiano.*
3. *Mi hermano / tener / quince / años.*
4. *Yo / hacer / curso / español.*
5. *¿De / dónde / ser / tú?*
6. *Hoy / yo / salir / con / amigo.*
7. *Yo / no / ver / mucho / televisión.*

F 80 **Streiche die falschen Verbformen durch und stelle sie richtig. Übersetze dann die Formen ins Deutsche und schreibe die Nennform dazu.**

Modelo: ~~*haco*~~ ▶ *hago: ich mache / hacer*

1. ~~*haco*~~
2. *ponemos*
3. *cayo*
4. *veo*
5. *sois*
6. *teno*
7. *hace*
8. *vieno*
9. *venéis*
10. *digo*
11. *dicéis*
12. *salo*
13. *venimos*
14. *estoy*
15. *vais*

F 81 **Setze die Verben in der entsprechenden Form ein:**

1. *¿Cómo (estar, usted) ....?*
2. *(Ir, yo) .... al cine con una amiga.*
3. *No (salir, yo) .... esta tarde.*
4. *¿Cuántos años (tener, tú) ....? – (Tener, yo) .... 18 años.*
5. *Mañana te (dar, yo) .... el libro.*
6. *Hoy (poner, ellos) .... una película muy buena en la tele.*

10. KAPITEL | REFLEXIVE VERBEN

A FORMEN

Wie im Deutschen gibt es auch im Spanischen **rückbezügliche (reflexive) Zeitwörter**, zB: **sich** waschen – *lavarse*. Das rückbezügliche Fürwort wird in der Nennform (sowie auch im *gerundio* und in der bejahten Befehlsform) angehängt, in den abgewandelten Verbformen steht es unmittelbar **vor** dem Zeitwort.
Die Abwandlung erfolgt ansonsten genauso wie bei den nicht rückbezüglichen Verben, auch hier ist darauf zu achten, ob ein Zeitwort diphthongierend ist.

	Infinitiv	*lavarse*	sich waschen
Einzahl	1. Person	***me** lavo*	ich wasche mich
	2. Person	***te** lavas*	du wäschst dich
	3. Person	***se** lava*	er/sie wäscht sich
Mehrzahl	1. Person	***nos** lavamos*	wir waschen uns
	2. Person	***os** laváis*	ihr wascht euch
	3. Person	***se** lavan*	sie waschen sich

- **Beispiele für rückbezügliche Verben mit Diphthong bzw. Vokalwechsel:**

sentarse – sich setzen	*dormirse* – einschlafen	*vestirse* – sich ankleiden
***me** siento*	***me** duermo*	***me** visto*
***te** sientas*	***te** duermes*	***te** vistes*
***se** sienta*	***se** duerme*	***se** viste*
***nos** sentamos*	***nos** dormimos*	***nos** vestimos*
***os** sentáis*	***os** dormís*	***os** vestís*
***se** sientan*	***se** duermen*	***se** visten*

- **Einige weitere häufig gebrauchte reflexive Verben:**

aburrirse	sich langweilen	*acordarse (o → ue)*	sich erinnern
afeitarse	sich rasieren	*acostarse (o → ue)*	sich hinlegen
bañarse	(sich) baden	*despedirse (e → i)*	sich verabschieden
ducharse	(sich) duschen	*despertarse (e → ie)*	aufwachen
irse	weggehen	*encontrarse (o → ue)*	sich treffen
levantarse	aufstehen	*moverse (o → ue)*	sich bewegen
llamarse	heißen	*reírse (e → i)*	lachen
peinarse	sich kämmen	*sentirse (e → ie)*	sich fühlen

A 82

Verbinde:

1. *nos acordamos*
2. *te acuestas*
3. *me levanto*
4. *nos despertamos*
5. *se lavan*
6. *se viste*
7. *os llamáis*
8. *te sientas*
9. *te sientes*
10. *os reís*

a. sie waschen sich
b. du fühlst dich
c. wir erinnern uns
d. ihr heißt
e. du legst dich nieder
f. ihr lacht
g. ich stehe auf
h. wir wachen auf
i. er zieht sich an
j. du setzt dich

A 83

Setze die passenden rückbezüglichen Fürwörter ein:

1. *Los niños .... acuestan temprano.*
2. *¿A qué hora .... levantas?*
3. *........... llamo Paloma.*
4. *Hoy no .... siento muy bien, creo que estoy enfermo.*
5. *Los amigos .... sientan en un sofá.*
6. *........... vistes muy elegante.*
7. *Hoy no .... duchamos.*
8. *¿Ya .... vais? Todavía es temprano.*
9. *Cada día .... despierto a las seis y media.*
10. *Lo siento, no .... acuerdo de ese suceso.*
11. *Hoy .... quedamos en casa.*
12. *Carlos siempre .... ríe de los demás.*

A 84

Übersetze:

1. Ich stehe um 7 Uhr auf.
2. Wir duschen uns in der Früh.
3. Warum lachst du?
4. Ich lege mich um 11 Uhr nieder.
5. Die Kinder kleiden sich an.

A 85

Setze die rückbezüglichen Zeitwörter in der richtigen Form ein:

1. *Esta tarde (quedarse, yo) .... en casa.*
2. *Paloma no (sentirse) .... bien.*
3. *¿(Acordarse, vosotros) .... de Carlos?*
4. *¿A qué hora (acostarse, tú) ....?*
5. *¿Cómo (llamarse) .... usted?*
6. *No (reírse, yo) .... de estas tonterías.*
7. *(Sentarse, nosotros) .... en el sillón.*
8. *¿No (vestirse, tú) ....? Ya es tarde.*

B STELLUNG DES PRONOMENS

- In **verneinten Sätzen** steht der Verneinungspartikel ***no*** immer **vor** dem Reflexivpronomen:

  No me acuesto tarde. Ich lege mich nicht spät nieder.
  ¿No te acuerdas de Michael? Erinnerst du dich nicht an Michael?

- Steht ein reflexives Verb in der **Nennform** (zB nach einem Modalverb), muss man auf die Übereinstimmung von Pronomen und Personalform achten. Das Pronomen wird an die Nennform angehängt oder vor die abgewandelte Verbform gestellt:

  No quiero vestirme./No me quiero vestir.
  Ich möchte mich nicht anziehen.

  Tienes que levantarte./Te tienes que levantar.
  Du musst aufstehen.

C REFLEXIVVERBEN IM DEUTSCHEN UND SPANISCHEN

Einige Zeitwörter sind nur im Spanischen reflexiv, aber im Deutschen nicht – und umgekehrt. Daher ist es sehr wichtig, sich diese Unterschiede einzuprägen.

- **Nur im Spanischen reflexiv:**

ahogarse	ertrinken	*irse*	weggehen
arrepentirse	bereuen	*levantarse*	aufstehen
caerse	fallen	*llamarse*	heißen
callarse	schweigen	*marcharse*	weggehen
darse cuenta	bemerken	*quedarse*	bleiben
despertarse	aufwachen	*reírse*	lachen
enfermarse	krank werden		

¿No te das cuenta de que te mienten?
Merkst du nicht, dass sie dich anlügen?

No quiero callarme.
Ich möchte nicht schweigen.

- **Nur im Deutschen reflexiv:**

descansar	sich ausruhen	*ocurrir*	sich ereignen
empeorar	sich verschlechtern	*recordar*	sich erinnern
mejorar	sich verbessern	*suceder*	sich ereignen

Esta tarde tengo que descansar.
Heute Nachmittag muss ich mich ausruhen.

La situación ha mejorado mucho.
Die Situation hat sich sehr verbessert.

B 86

Ordne die Satzteile:

1. *los / se / españoles / tarde / muy / acuestan / normalmente.*
2. *me / no / de / acuerdo / señor / este.*
3. *te / vestir / tienes / que / es / ya / tarde / porque / muy.*
4. *gusta / nos / no / duchar / nos / agua / con / fría.*
5. *en / me / siempre / duermo / el / tren.*
6. *no / todavía / me / levantar / quiero.*
7. *en / tenéis / sentar / suelo / que / os / el.*
8. *¿te / no / aburres / con / película / esta?*

B 87

Verbessere in folgenden Sätzen die rückbezüglichen Fürwörter:

1. *Tienes que despertarse.*
2. *No podemos ducharse con agua fría.*
3. *Todavía no quiero marcharse.*
4. *Tenéis que irse ahora.*
5. *Debéis darse cuenta del problema.*
6. *Sólo quiero despedirse.*
7. *Tienes que peinarse.*
8. *Tenéis que moverse un poco más.*

B 88

Übersetze:

1. Wir müssen uns verabschieden.
2. Kann ich mir hier die Hände waschen?
3. Ich muss jetzt leider gehen.
4. Wir können uns heute nicht sehen.
5. Du musst dich ein wenig mehr bewegen.
6. Morgen möchte ich zu Hause bleiben.
7. Ich möchte mich jetzt anziehen.
8. Ich kann mich nicht an diesen Tag erinnern.

C 89

Setze Pronomen dort ein, wo sie nötig sind:

1. *He trabajado mucho, ahora voy a descansar .... un poco.*
2. *Es mejor que .... calles ahora.*
3. *No .... recuerdo tu nombre.*
4. *.......... acuerdo muy bien de esta película.*
5. *Me han dicho que la salud de tu madre .... ha mejorado.*
6. *Tienes que quedar .... en casa.*
7. *Muchos inmigrantes .... ahogan en el mar.*
8. *El niño llora porque .... ha caído.*

C 90

Übersetze jetzt die Sätze von Übung 89 ins Deutsche!

11. KAPITEL *HAY, SER, ESTAR*

Die Verben ***hay, ser*** oder ***estar*** können im Deutschen jeweils dem Zeitwort **„sein"** entsprechen, weichen in der Verwendung oder Bedeutung aber stark voneinander ab.

A *HAY – ESTAR*

- ***Hay*** ist die unpersönliche Form des Hilfszeitwortes ***haber*** und ist unveränderlich. Meist kann es im Deutschen mit „es gibt" wiedergegeben werden. *Hay* ist die Gegenwartsform, die Formen der anderen Zeiten sind die der 3. Person Einzahl des Verbs *haber*. Auf *hay* folgt immer ein Objekt, in der Einzahl oder Mehrzahl.

- ***Estar*** wird in der jeweiligen Personalform des Zeitwortes verwendet, das Subjekt bestimmt die Verbform.

Hay	*Estar*
Drückt das **Vorhandensein einer Sache oder Person** aus:	Drückt aus, **wo sich eine konkrete Sache oder Person befindet:**
Mit dem Objekt nach *hay* steht ◆ unbestimmter/kein Artikel ◆ Nomen im Plural ohne Artikel ◆ Zahlwort ◆ unbestimmtes Fürwort	**Mit dem Subjekt vor *estar*** steht ◆ bestimmter Artikel ◆ Eigenname ◆ Städte-, Ländername ◆ Subjektpronomen
En Toledo hay casas muy antiguas. In Toledo gibt es viele alte Häuser.	***Toledo está a unos 70 kilómetros al sur de Madrid.*** Toledo liegt ca. 70 km südlich von Madrid.
En esta ciudad hay muchas plazas bonitas. In dieser Stadt gibt es viele schöne Plätze.	***La plaza mayor está en el centro de la ciudad.*** Der Hauptplatz befindet sich im Zentrum der Stadt.
En el bar El Gusto sólo hay cinco mesas. In der Bar El Gusto gibt es nur fünf Tische.	***Nuria y Carlos están en el bar El Gusto.*** Nuria und Carlos sind in der Bar El Gusto.
Antes no había ningún hotel de cinco estrellas en Alicante. Früher gab es kein 5-Sterne-Hotel in Alicante.	***El Hotel El Cid está en la Avenida de la Playa.*** Das Hotel El Cid ist an der Strandpromenade.

A 91

Unterstreiche die richtig verwendete Form:

1. *Vivo en una ciudad pequeña que **hay/está** en el sur de Austria.*
2. *En mi ciudad **hay/están** muchos árboles y muchas zonas verdes.*
3. *Mi casa **hay/está** en el centro.*
4. *En mi piso **hay/están** dos dormitorios, un cuarto de baño, un salón y una cocina.*
5. *Cerca de la casa **hay/están** dos restaurantes, un bar y una plaza muy bonita.*
6. *La parada de autobús tampoco **hay/está** lejos.*
7. *Mi piso **hay/está** en la sexta planta de una casa antigua, por eso no **hay/está** ascensor.*
8. *En el salón **hay/están** muchas plantas y flores.*
9. *Mi ordenador **hay/está** en la mesa de mi dormitorio.*
10. *En el otro dormitorio no **hay/está** ninguna ventana.*

A 92

Setze jetzt entweder *hay* oder die entsprechende Form von *estar* ein:

1. *En este mercado .... todo tipo de flores.*
2. *En Madrid .... muchísimo tráfico.*
3. *Perdón, ¿sabe usted, dónde .... el Museo de Bellas Artes?*
4. *En Viena no .... tantos museos como en Madrid.*
5. *Las Islas Canarias .... en el Atlántico, no en el Mediterráneo.*
6. *Tus gafas .... encima de la mesa, ¿no las ves?*
7. *Todavía no .... nadie en la sala.*
8. *Durante el recreo, los alumnos .... en el patio.*
9. *¿Sabes si por aquí .... una cabina de teléfono?*
10. *La estación de trenes .... muy cerca de aquí.*
11. *Oye, ¿dónde .... mi móvil? ¿Lo has visto en alguna parte?*
12. *Carlos y María .... de vacaciones en México.*
13. *¡Qué bien! En este pueblo no .... mucho tráfico.*
14. *El restaurante de nuestro hotel .... en la última planta.*
15. *En Segovia no .... tanta criminalidad como en Barcelona.*
16. *Cada verano .... muchísimos turistas en las playas de la Costa del Sol.*
17. *¿Ya (tú) .... aquí? ¡Qué rápido!*
18. *En mi habitación .... un sofá y dos sillas.*
19. *¿Tu madre no .... en casa? – No, se ha ido al médico.*

A 93

Übersetze:

1. Weißt du, wo unser Hotel liegt?
2. Das Hotel Sol ist direkt am Strand.
3. Im Hotel gibt es ein Restaurant und einige Geschäfte.
4. Unser Zimmer ist im 4. Stock.
5. Im Restaurant Mercurio gibt es kein Tagesmenü.

B SER - ESTAR

Beide Verben entsprechen dem deutschen „sein". Grundsätzlich gibt ***ser*** in Zusammenhang mit Adjektiven eine Definition bzw. „angeborene" Eigenschaft an, ***estar*** hingegen einen Zustand, der vorübergehend und von außen beeinflussbar ist.

Ser	*Estar*
◆ Gibt Namen, Herkunft, Identität an: ***Ésta es Nuria, es española, de Madrid.*** Das ist Nuria, sie ist Spanierin, aus Madrid. ***Madrid es la capital de España.*** Madrid ist die Hauptstadt von Spanien.	◆ Gibt die geographische/örtliche Lage an: ***Nuria está en Alemania para visitar a un amigo.*** Nuria ist in Deutschland um einen Freund zu besuchen. ***Madrid está en el centro de España.*** Madrid liegt im Zentrum von Spanien.
◆ Berufsangaben: ***Yo soy estudiante, mi hermana es secretaria.*** Ich bin Studentin, meine Schwester ist Sekretärin.	◆ Familienstand: ***Pedro está divorciado.*** Pedro ist geschieden.
◆ Charakteristische Eigenschaften, die als unveränderlich oder angeboren betrachtet werden: ***David es muy alto y delgado.*** David ist sehr groß und schlank. ***Mi amigo es muy trabajador.*** Mein Freund ist sehr fleißig. ***Nuria es muy guapa.*** Nuria ist sehr hübsch.	◆ Von außen veränderlicher Zustand einer Sache oder Person: ***El café está muy dulce.*** Der Kaffee ist sehr süß. ***La sopa está muy rica.*** Die Suppe schmeckt sehr gut. ***Oye, ¡qué guapa estás!*** Du siehst heute aber gut aus! ***El banco ya está cerrado.*** Die Bank ist schon geschlossen.
◆ Uhrzeit/Zahlen/Preise: ***Ya son las diez de la noche.*** Es ist bereits zehn Uhr abends. ***Son cincuenta euros en total.*** Das macht 50 Euro zusammen.	◆ Personalisierte Angabe von Wochentagen oder Datum: ***Hoy estamos a tres de marzo.*** Wir haben heute den 3. März.
◆ „stattfinden": ***La reunión es a las cuatro en el salón de actos.*** Das Treffen ist um 4 Uhr im Versammlungsraum.	◆ Preisangaben bei bestimmten Mengen: ***Las uvas están a dos euros el kilo.*** Ein Kilo Weintrauben kostet 2 Euro.

B 94

Unterstreiche die richtig verwendete Form:

1. ***Son/están*** *las once de la mañana.*
2. *Lima **es/está** la capital de Perú, **es/está** en la costa del Pacífico.*
3. *¿A cuánto **son/están** las fresas? – A tres con cincuenta el kilo.*
4. *Carlos **es/está** camarero en un bar.*
5. *¿Dónde **es/está** el concierto? – En el Centro de la Villa, a las nueve.*
6. *¡Qué rica **es/está** la paella, Carmen!*
7. *El hermano de Miguel **es/está** muy inteligente, habla cinco idiomas.*
8. *¿**Sois/estáis** nerviosos por el examen? – Sí, un poco.*
9. *¿Dónde **es/está** María? – No **es/está** en casa, se ha ido al cine.*
10. *¡Qué frío! – Sí, es que **son/están** abiertas todas las ventanas.*

B 95

Setze die entsprechende Form von *ser* oder *estar* ein:

1. *De momento, los novios .... de vacaciones en Jamaica.*
2. *¿Paga en efectivo, señora? – Sí, ¿cuánto .... en total?*
3. *Antonio Banderas .... muy guapo, ¿no? – Pues a mí me gusta más Brad Pitt.*
4. *¿........................... (vosotros) cansados después del viaje?*
5. *Mi pueblo .... cerca de Toledo.*
6. *¿Te gusta este jersey? – Sí, ... muy bonito.*
7. *Hoy .... a 23 de marzo, ¿verdad?*
8. *Juan Manuel y su mujer .... profesores, dan clases de español en una escuela de idiomas.*
9. *¡Qué ricas .... estas gambas!*
10. *La tienda todavía no .... abierta, tenemos que volver más tarde.*
11. *La conferencia .... a las cuatro.*
12. *Estos dos jóvenes .... argentinos.*
13. *Mallorca y Menorca .... islas muy bonitas, ... en el Mar Mediterráneo.*
14. *El bistec no me gusta, es que .... muy hecho.*
15. *Estas naranjas .... muy caras, ... a 2 euros el kilo.*

B 96

Bilde aus folgenden Elementen neun sinnvolle Sätze:

Carmen y Juan	*es*	*muy bien preparados.*
Michael y yo	*está*	*mañana en la oficina.*
Esta sopa	*soy*	*muy tarde.*
Mi novio	*es*	*un poco fría.*
El cine Astoria	*es*	*programadora.*
La reunión con el jefe	*están*	*muy delgado y deportivo.*
Todavía no	*somos*	*en la Plaza del Carmen.*
Los estudiantes	*está*	*alemanes, de Berlín.*
Yo	*están*	*casados.*

C *SER – ESTAR* BEI ADJEKTIVEN UND ADVERBIEN

In Zusammenhang mit Adjektiven wird ***estar*** verwendet, um über das persönliche Wohlbefinden, die Gesundheit oder andere vorübergehende und von außen beeinflussbare Zustände zu sprechen, zB:

Estoy bien/mal.	Es geht mir gut/schlecht.
Está bien.	Es ist in Ordnung.
Estoy cansado, triste, nervioso.	Ich bin müde, traurig, nervös.
Estoy furioso/enojado.	Ich bin wütend/verärgert.
Ella está enferma.	Sie ist krank.
Estamos muy contentos.	Wir sind sehr froh/zufrieden.
El vaso está lleno/vacío.	Das Glas ist voll/leer.
La mesa está sucia/limpia.	Der Tisch ist schmutzig/sauber.
La puerta está abierta/cerrada.	Die Tür ist offen/geschlossen.

! Beachte, dass mit den Adverbien ***bien/mal*** grundsätzlich **immer** nur ***estar*** verwendet wird!

- Einige Adjektive werden immer mit ***ser***, andere immer mit ***estar*** verwendet, je nachdem, ob sie Charaktereigenschaften oder wechselnde Zustände bezeichnen:

Ser	*capaz* – fähig *famoso* – berühmt *necesario* – nötig *similar* – ähnlich *útil* – nützlich	*Este actor* ***es*** *muy* ***famoso.*** Dieser Schauspieler ist sehr berühmt. *Este aparato* ***es*** *bastante* ***útil.*** Dieser Apparat ist sehr nützlich.
Estar	*embarazada* – schwanger *convencido* – überzeugt *contento* – zufrieden *dispuesto* – bereit *harto* – überdrüssig *muerto* – verstorben	***Estamos hartos*** *de este trabajo.* Wir sind diese Arbeit leid. ***Estoy dispuesta*** *a aprender mucho.* Ich bin bereit, viel zu lernen.

- Einige Adjektive ändern die Bedeutung, je nachdem, ob sie mit ***ser*** oder ***estar*** verwendet werden. Einige der wichtigsten sind:

Ser	*Estar*
Ser abierto. Offenherzig sein.	*Estar abierto.* Geöffnet sein.
Ser aburrido. Langweilig sein.	*Estoy aburrido.* Gelangweilt sein.
Ser atento. Höflich sein.	*Estar atento.* Aufmerksam sein.
Ser despierto. Aufgeweckt sein.	*Estar despierto.* Wach sein.
Ser listo. Klug sein.	*Estar listo.* Fertig sein.
Ser rico. Reich sein.	*Estar rico.* Gut schmecken.

C 97

Setze die passende Form von *ser* oder *estar* ein:

1. *¿Qué te pasa? – Nada, es que .... (yo) un poco cansado.*
2. *Carlos .... capaz de hacer tres cosas a la vez, ¿verdad que .... muy inteligente?*
3. *Los hijos de Isabel .... muy listos; a los cuatro años ya saben escribir.*
4. *¡Ya .... (yo) harto de escuchar tus excusas!*
5. *¿La botella ya .... vacía? Tenemos que pedir otra.*
6. *Los países andinos .... muy famosos por su rica cultura y el maravilloso paisaje.*
7. *Me parece que Miguel no .... muy bien. A lo mejor .... enfermo.*
8. *Estos ejercicios .... muy buenos y muy útiles, ¿verdad?*
9. *Marcos .... un chico muy atento, siempre se preocupa por los demás.*
10. *¿Te ha gustado la película? – No, qué va, ... muy aburrida.*
11. *¿Todavía no .... (vosotros) listos? Es que ya tenemos prisa.*
12. *Me parece que Carmen .... un poco aburrida; ¿no quieres jugar con ella?*
13. *Las playas de la Costa de la Luz .... preciosas; el mar .... muy limpio y la gente .... muy simpática.*
14. *¿No me escuchas? Me parece que tú nunca .... atenta cuando quiero hablar contigo.*
15. *Ahora que .... (tú) dispuesta a cambiarte de casa, tu marido .... también mucho más contento.*

C 98

Übersetze:

1. Die Kinder sind noch nicht fertig.
2. Ich habe viele Hobbys, ich langweile mich nie.
3. Das Essen schmeckt sehr gut!
4. Die meisten Spanier sind sehr offen und freundlich.
5. Er ist schlau wie ein Fuchs.

A B C 99

Setze *hay, ser* oder *estar* in der passenden Form ein:

1. *En Austria .... muchos lagos y montañas.*
2. *El lago Titicaca .... un lago muy grande, ... entre Bolivia y Perú.*
3. *En Madrid .... muchos parques; el más bonito .... el Parque del Retiro que .... en el centro de la ciudad.*
4. *México, D.F., que .... una de las ciudades más grandes del mundo, ... a más de dos mil metros de altura.*
5. *La Sierra Nevada .... cerca de Granada, en Andalucía.*
6. *El bar del hotel .... en el tercer piso.*
7. *Mi habitación .... muy pequeña.*

12. KAPITEL *GERUNDIO*

Das ***gerundio*** ist eine unveränderliche Verbform, die für gewöhnlich ausdrückt, dass etwas gerade vor sich geht (Verlaufsform).

A FORMEN

Bei den regelmäßigen Zeitwörtern wird an den Stamm die Endung ***-ando*** bzw. ***-iendo*** angehängt:

	Infinitiv	*Gerundio*
Verben auf *-ar*	*compr**ar***	*compr**ando***
Verben auf *-er*	*beb**er***	*beb**iendo***
Verben auf *-ir*	*abr**ir***	*abr**iendo***

Ausnahmen:

Infinitiv	*Gerundio*
caer	*ca**y**endo*
dar	*dando*
decir	*d**i**ciendo*
dormir	*d**u**rmiendo*
leer	*le**y**endo*
ir	*yendo*
morir	*m**u**riendo*
oír	*o**y**endo*
poder	*p**u**diendo*
ser	*siendo*
traer	*tra**y**endo*
venir	*v**i**niendo*
ver	*viendo*

- Im ***gerundio*** gibt es **keinen Diphthong:**

  empezar ▶ *emp**e**zando*
  jugar ▶ *j**u**gando*

- Allerdings haben **alle Verben auf *-ir***, die im Präsens einen **Vokalwechsel** (*e* ▶ *i, e* ▶ *ie*) aufweisen, im ***gerundio*** ein ***-i-*** im Stamm:

  sentir ▶ *s**i**ntiendo*
  seguir ▶ *s**i**guiendo*

- Bei Verben auf *-uir* wie *destruir* wird ***i*** zu ***y***:

  *constru**i**r* ▶ *constru**y**endo*
  *destru**i**r* ▶ *destru**y**endo*

A 100

Ordne die Nennformen dem jeweiligen *gerundio* zu:

1. *viniendo*	a. *pedir*
2. *siguiendo*	b. *viajar*
3. *comprando*	c. *entender*
4. *vendiendo*	d. *poder*
5. *comprendiendo*	e. *escribir*
6. *entrando*	f. *seguir*
7. *entendiendo*	g. *comprender*
8. *pidiendo*	h. *venir*
9. *pudiendo*	i. *entrar*
10. *siendo*	j. *comprar*
11. *escribiendo*	k. *vender*
12. *viajando*	l. *ser*

A 101

Bilde das *gerundio:*

1. *morir*	11. *hablar*
2. *tener*	12. *caer*
3. *comer*	13. *dormir*
4. *conducir*	14. *traer*
5. *destruir*	15. *vender*
6. *decir*	16. *venir*
7. *ir*	17. *vestir*
8. *ver*	18. *sentir*
9. *leer*	19. *llover*
10. *creer*	20. *pensar*

A 102

***Revoltigrama:* Bilde aus folgenden Buchstaben Gerundioformen. Die Buchstaben in den Kästchen ergeben den Namen einer spanischen Stadt:**

1. NDIVIVEO: ___ ___ ☐ ___ ___ ___ ___ ___
2. ANTCANDO: ___ ___ ___ ___ ☐ ___ ___ ___
3. YNDOLEE: ☐ ___ ___ ___ ___ ___ ___
4. ODNEIS: ___ ___ ☐ ___ ___ ___
5. SANDPENO: ___ ___ ☐ ___ ___ ___ ___ ___
6. CHANESCUDO: ___ ___ ☐ ___ ___ ___ ___ ___ ___ ___
7. NIVNIEDO: ___ ☐ ___ ___ ___ ___ ___ ___
8. LAIBANDO: ___ ☐ ___ ___ ___ ___ ___ ___

Lösungswort: ___ ___ ___ ___ ___ ___ ___ ___

B VERWENDUNG

Das ***gerundio*** wird auf drei Arten gebraucht:

1. in Zusammenhang **mit anderen Zeitwörtern**, um bestimmte Aspekte auszudrücken, zB *estar + gerundio* ▶ gerade etwas tun;
2. als **Adverb**, also um das Prädikat zu ergänzen, ähnlich wie das deutsche Mittelwort der Gegenwart (weinend, lachend ...);
3. zur **Satzverkürzung.**

1. Gebräuchliche Verbkonstruktionen mit *gerundio*

estar* + *gerundio: gerade dabei sein, etwas zu tun
Estamos comiendo. Wir essen gerade.
*Los niños **están jugando** al fútbol.* Die Kinder spielen gerade Fußball.
llevar* + *gerundio: schon eine gewisse Zeit etwas tun
***Llevo** un año **estudiando** español.* Ich lerne seit einem Jahr Spanisch.
ir* + *gerundio: allmählich etwas tun
***Vamos aprendiendo** la gramática.* Wir lernen allmählich die Grammatik.
seguir/continuar* + *gerundio: weiterhin etwas tun
*Carlos **sigue trabajando** mucho.* Carlos arbeitet immer noch viel.

! Da das *gerundio* keine deutsche Entsprechung hat, verwendet man im Deutschen Umschreibungen, zB allmählich, gerade, weiterhin ...

Wird ein **reflexives Verb** im *gerundio* gebraucht, hängt man das **rückbezügliche Fürwort** entweder an das *gerundio* an oder stellt es vor die Personalform des Hilfszeitwortes:

> *Estoy **vistiéndome/me** estoy **vistiendo**.*
> Ich kleide mich gerade an.

2. Das *gerundio* als Adverb

Das *gerundio* ergänzt die Bedeutung eines **anderen Zeitworts:**

> ***Llorando** se **levantó** el niño después de su caída.*
> Weinend stand das Kind nach dem Sturz auf.
>
> *Carlos **entra** en clase **riéndose** mucho.*
> Carlos betritt lachend die Klasse.

3. Das *gerundio* zur Satzverkürzung

Nebensätze können mit Hilfe des *gerundio* vermieden werden:

> *Podemos hablar el asunto **tomando un café**. = Podemos hablar el asunto **mientras tomamos** un café.*
> Wir können die Sache besprechen, während wir einen Kaffee trinken.

B 103 **Forme folgende Sätze in *estar + gerundio* um:**

Modelo: *Miguel habla por teléfono.* ▶ *Miguel está hablando por teléfono.*

1. *Los niños ya duermen.*
2. *Muchos turistas escriben postales en la terraza.*
3. *¿Qué hacéis?*
4. *Algunas personas leen el periódico en el metro.*
5. *Allí construyen una nueva casa.*
6. *¿Pero qué me dices?*
7. *Los jóvenes se ríen mucho.*
8. *Ana y Juan juegan al tenis.*
9. *Mucha gente se pasea en el Parque del Retiro.*
10. *Nos bañamos en el río.*
11. *Mi hermana se ducha.*
12. *Los estudiantes oyen las noticias.*
13. *Poco a poco me siento mejor.*

B 104 **Übersetze:**

1. Ich habe keine Zeit, weil ich gerade arbeite.
2. Wir leben schon vier Jahre in Spanien.
3. Juan studiert noch immer Architektur.
4. Allmählich geht es mir besser.
5. Wir warten schon zwei Stunden auf dem Flughafen.
6. Könnten Sie bitte später anrufen? Herr Martínez spricht gerade auf einer anderen Leitung (= *hablar por otra línea*).
7. Die Kinder essen gerade ein Eis.
8. Die Jugendlichen vergnügen sich (= *divertirse*) beim Tanzen.

B 105 **Füge folgende Sätze mit Hilfe des *gerundio* zusammen:**

Modelo: *Siempre me ducho y canto.* ▶ *Siempre me ducho cantando.*

1. *Me gusta desayunar mientras leo el periódico.*
2. *Los niños juegan en la calle y gritan mucho.*
3. *A menudo vemos la tele y comemos patatas fritas.*
4. *Los turistas están en la playa y toman el sol.*
5. *Se hizo daño cuando practicaba el tenis.*
6. *Carlos se rompió la pierna cuando jugaba al fútbol.*
7. *Disfrutamos mucho cuando viajamos por España.*
8. *Mi hermano aprende arte mientras visita los museos.*
9. *Los domingos descansamos mientras nos damos un paseo por el parque.*
10. *Los niños juegan en la playa mientras construyen castillos de arena.*

13. KAPITEL | MODALVERBEN UND INFINITIVKONSTRUKTIONEN

A MODALVERBEN

Modalverben (müssen, können, dürfen usw.) drücken Pflicht, Wunsch, Möglichkeit etc. aus und werden mit dem Infinitiv verwendet. Die wichtigsten Modalverben sind:

querer wollen	***Queremos viajar a Mallorca.*** Wir möchten nach Mallorca fahren.
poder können, dürfen	***¿Puedes venir a la reunión?*** Kannst du zu dem Treffen kommen? ***¿Puedo tomar otro trozo de tarta?*** Darf ich noch ein Stück Torte nehmen?
saber können (beherrschen)	***Mi hija todavía no sabe nadar.*** Meine Tochter kann noch nicht schwimmen.
tener que müssen	***Tuve que estudiar mucho para el examen.*** Ich musste für die Prüfung viel lernen.
hay que man muss	***Hay que respetar las señales de tráfico.*** Man muss die Verkehrszeichen beachten.
deber sollen	***Deberías ponerte botas.*** Du solltest Stiefel anziehen.

Für das Modalverb „sollen" werden auch andere Strukturen als ***deber*** verwendet, zB eine Frage in der Ich-Form: ***¿Abro la ventana?*** – Soll ich das Fenster öffnen?

B INFINITIVKONSTRUKTIONEN

Infinitivkonstruktionen dienen dazu, bestimmte Aspekte auszudrücken, die im Deutschen häufig durch Adverbien wiedergegeben werden. Einige der wichtigsten sind:

acabar de „gerade getan haben"	***Acabo de llegar.*** Ich bin gerade angekommen.
empezar a beginnen zu	***¿Cuándo empiezas a trabajar?*** Wann beginnst du zu arbeiten?
dejar de aufhören zu	***Por fin he dejado de fumar.*** Endlich habe ich aufgehört zu rauchen.
ir a „gleich tun werden"	***Hoy voy a limpiar las ventanas.*** Heute werde ich die Fenster putzen.
soler „für gewöhnlich tun"	***No suelo dormir más de seis horas.*** Ich schlafe normalerweise nur sechs Stunden.
tardar en (Zeit) brauchen	***Tardé una hora en llegar.*** Ich brauchte eine Stunde um herzukommen.
volver a „wieder tun"	***Espero que volvamos a vernos pronto.*** Ich hoffe, dass wir uns bald wieder sehen.

A 106

Beantworte die Fragen:

1. *¿Tenéis que trabajar mucho hoy? – No, ...*
2. *¿Quieres visitar la exposición conmigo? – Sí, ...*
3. *¿Sabes tocar el piano? – No, ...*
4. *¿Debéis asistir a la conferencia esta tarde? – No, ...*
5. *¿Aquí hay que torcer a la izquierda? – Sí, ...*
6. *¿Puedes venir a mi fiesta de cumpleaños? – Sí, ...*
7. *¿Tienes que esperar a tu amigo? – Sí, ...*

A 107

Übersetze:

1. Ich kann nicht Gitarre spielen.
2. Wir können dir helfen.
3. José kann nicht gut Deutsch sprechen.
4. Maria kann heute nicht zur Schule gehen, weil sie krank ist.
5. Ich möchte jetzt schlafen.
6. Musst du heute noch lernen?
7. Wir müssen Carlos anrufen.
8. Ich möchte bitte ein Zimmer reservieren.

B 108

Übersetze ins Deutsche:

1. *Mi novio ha dejado de jugar al fútbol.*
2. *Carmen no está, acaba de salir.*
3. *¿Cuánto se tarda en ir a Toledo?*
4. *¿Cuándo volverás a visitarme?*
5. *Antes solíamos pasar las vacaciones en Ibiza.*
6. *¿Ya has empezado a leer el libro?*
7. *Acabamos de informar a la policía del robo.*
8. *Voy a preparar la comida.*

B 109

Ordne die Sätze in die richtige Reihenfolge:

1. *dos / meses / dejó / Paloma / fumar / de / hace.*
2. *a / vuelto / ha / no / empezar / entonces / desde.*
3. *suele / abuelo / mi / dormir / siesta / la.*
4. *llamar / al / acabo / hotel / de / para / reserva / hacer / la.*
5. *tardado / hora / he / más / de / en / media / casa / la / encontrar.*
6. *precios / seguramente / subir / a / van / los / todavía.*
7. *conocer / acabamos / al / de / novio / Nuria / de.*
8. *empecé / hace / a / italiano / estudiar / dos / años.*

14. KAPITEL *PRETÉRITO PERFECTO (PASADO COMPUESTO)*

Das System der Vergangenheitszeiten im Spanischen unterscheidet sich grundlegend vom Deutschen, daher sind die Zeiten in ihrer Anwendung kaum vergleichbar. Man sollte sich möglichst vom Deutschen lösen und versuchen, sich die Ausdrucksmöglichkeiten der spanischen Vergangenheitszeiten zueigen zu machen.
Pretérito perfecto, indefinido und *imperfecto* ergänzen einander und drücken einen jeweils unterschiedlichen Aspekt aus.

Das ***pretérito perfecto*** entspricht von der Bildung her als zusammengesetzte Zeit am ehesten dem deutschen Perfekt, allerdings ist die Verwendung eine völlig andere.

A BILDUNG

Das *pretérito perfecto* bildet man mit Hilfe der Gegenwartsformen des Hilfszeitwortes ***haber* + Partizip Perfekt** des entsprechenden Zeitworts.
Das **Partizip Perfekt** bildet man, indem man an den Stamm die **Endsilbe *-ado*** oder ***-ido*** anhängt:

Infinitiv	Partizip	Deutsches Partizip
*compr**ar***	*compr**ado***	gekauft
*beb**er***	*beb**ido***	getrunken
*viv**ir***	*viv**ido***	gelebt

Das **Partizip** ist **unveränderlich**, es ist egal, ob das Hilfszeitwort ***haber*** in der Einzahl oder Mehrzahl steht.

	Person	Präsens von *haber*	Partizip
Ez.	1. Person	***he***	
	2. Person	***has***	***comprado***
	3. Person	***ha***	***bebido***
Mz.	1. Person	***hemos***	***vivido***
	2. Person	***habéis***	
	3. Person	***han***	

Im Unterschied zum deutschen Perfekt gibt es auch **keinen Unterschied** zwischen **sein** und **haben**:

he llegado ▶ ich bin angekommen, ***he comido*** ▶ ich habe gegessen.

Bei rückbezüglichen Verben wie *lavarse* – sich waschen – setzt man das **rückbezügliche Fürwort** vor das Hilfszeitwort:

te has lavado ▶ du hast dich gewaschen

A 110

Setze die Sätze ins *pretérito perfecto:*

Modelo: *El tren llega a las ocho.* ▶ *El tren ha llegado a las ocho.*

1. *Carlos tiene un accidente.*
2. *María y Carmen comen un bocadillo.*
3. *¿Aprendéis los verbos?*
4. *Tomamos un café con leche.*
5. *Mis amigos vuelven hoy de Alemania.*
6. *La mujer de Pedro prepara la comida.*
7. *La secretaria trabaja mucho hoy.*
8. *El recepcionista recibe una llamada telefónica.*
9. *Suena el teléfono.*
10. *Los alumnos leen el periódico.*
11. *¿Vienes en tren o en coche?*
12. *Los niños duermen bien.*
13. *Me compro un jersey.*
14. *Nos lavamos las manos.*
15. *Saludamos a unos amigos.*

A 111

Übersetze:

1. Unsere Freunde sind ausgegangen.
2. Wir haben viel gearbeitet.
3. Hast du noch nicht gefrühstückt?
4. Wann bist du angekommen?
5. Warst du schon einmal in Argentinien?
6. Ich bin heute spät aufgestanden.
7. Pedro ist im Unterricht eingeschlafen.

A 112

Setze die Formen des *perfecto* ein:

1. *¿A qué hora (acostarse, vosotros) ....?*
2. *¿Por qué no me (esperar, tú) ....?*
3. *¿Ya (salir) .... el tren para Sevilla?*
4. *Todavía no (estar, yo) .... en Perú.*
5. *¿Cuándo (despertarse, tú) ....?*
6. *¿(Entender, vosotros) .... las reglas?*
7. *¿Por qué no (empezar, ustedes) .... todavía?*
8. *¿No me (oír, tú) ....?*
9. *Los chicos ya (terminar) .... sus ejercicios.*
10. *Mis padres (viajar) .... a Mallorca.*
11. *¿Ya (dormirse) .... el bebé?*
12. *¿Por qué no (lavarse, vosotros) .... las manos antes de comer?*
13. *¿Ya (probar, tú) .... la tarta?*
14. *¿Por qué no (limpiar, vosotros) .... la pizarra?*

B UNREGELMÄSSIGE PARTIZIPIEN

Einige wichtige Zeitwörter haben unregelmäßige Partizipien:

Nennform	Deutsche Bedeutung	Partizip
abrir	öffnen	***abierto***
cubrir	zudecken	***cubierto***
decir	sagen	***dicho***
escribir	schreiben	***escrito***
hacer	machen	***hecho***
ir	gehen, fahren	***ido***
morir	sterben	***muerto***
poner	stellen, legen	***puesto***
romper	zerbrechen	***roto***
ser	sein	***sido***
ver	sehen	***visto***
volver	zurückkommen	***vuelto***

Beachte, dass auch alle von diesen Grundformen **abgeleiteten Verben** dieselbe **Unregelmäßigkeit** besitzen, zB:

describir (beschreiben) – *descrito, revolver* (umrühren) – *revuelto* usw.

C ANWENDUNG

Das *pretérito perfecto* wird vor allem dann verwendet, wenn ein Ereignis zwar vergangen ist, **der Zeitraum**, in dem das Ereignis stattgefunden hat, aber **noch in die Gegenwart hineinreicht**, also vor allem nach Ausdrücken wie

hoy – heute	*ya* – schon
esta semana – diese Woche	*todavía no* – noch nicht
este mes – dieses Monat	*últimamente* – kürzlich
este año – dieses Jahr	*hasta ahora* – bis jetzt

Hoy he roto un vaso (Heute habe ich ein Glas zerbrochen) bedeutet also, dass das Ereignis (etwas zerbrechen) zwar wohl vorbei ist, der Sprecher/die Sprecherin das Geschehen aber in **unmittelbare Nähe zur Gegenwart** rücken will.

Auch wenn ein Ereignis **zeitlich überhaupt nicht markiert** ist, wird meist das ***perfecto*** verwendet:

¿Ya has estado en Lima? – Warst du schon einmal in Lima?

! Beachte auch, dass in den meisten spanischsprachigen Ländern Amerikas und auch in einigen spanischen Regionen das *perfecto* durch das *pretérito indefinido* ersetzt wird!

A B 113 **Ordne folgende Partizipien ihrer Nennform zu:**

1. *venido*	a. *poder*
2. *vuelto*	b. *morir*
3. *visto*	c. *hacer*
4. *podido*	d. *venir*
5. *puesto*	e. *tener*
6. *pedido*	f. *estar*
7. *dicho*	g. *volver*
8. *dado*	h. *morder*
9. *hecho*	i. *pedir*
10. *estado*	j. *ver*
11. *conocido*	k. *poner*
12. *roto*	l. *conocer*
13. *tenido*	m. *dar*
14. *muerto*	n. *romper*
15. *mordido*	o. *decir*

C 114 **Bilde Sätze und sage, was du heute schon gemacht hast und was nicht:**

Modelo: *ducharse✓* ▶ *Hoy me he duchado.*
jugar al tenis ▶ *Hoy no he jugado al tenis.*

Charlar con amigos✓ – navegar en Internet✓ – bailar – comer un bocadillo – aprender español✓ – poner la mesa✓ – escribir una postal – leer un libro – desayunar✓ – lavarse las manos✓ – hacer la compra – ir al teatro – jugar videojuegos✓ – volver a casa✓ – salir con amigos.

A B C 115 **Setze die entsprechenden Formen des *perfecto* ein:**

1. *Todavía no me (decir, tú) .... qué vas a hacer en las vacaciones.*
2. *¿Me esperas un momento? Es que tengo que salir, todavía no (hacer, yo) .... la compra.*
3. *¿Ya (escuchar, tú) .... las noticias? – Sí, pero no (decir, ellos) .... nada importante.*
4. *Este año no me (visitar) .... mis amigos franceses.*
5. *¿Ya (ver, tú) .... la nueva película de Pedro Almodóvar?*
6. *¿Qué te pasa, chico? – (jugar, nosotros) .... al fútbol, (caerse, yo) .... y creo que (romperse, yo) .... el brazo.*
7. *Mi hermana todavía no (volver) .... de las vacaciones.*
8. *Esta mañana por fin (comprar, yo) .... un nuevo ordenador.*

15. KAPITEL | *PRETÉRITO INDEFINIDO*

Das ***pretérito indefinido*** (die „historische" Vergangenheit") entspricht im Deutschen sowohl dem Perfekt als auch dem Präteritum. Es wird grundsätzlich dazu verwendet, **Ereignisse der Vergangenheit zu erzählen**, und zwar **sowohl im schriftlichen als auch im mündlichen Sprachgebrauch.**

A REGELMÄSSIGE FORMEN

1. Verben auf *-ar*

Infinitiv		*comprar*	kaufen
Ez.	1. Person	*compré*	ich kaufte/habe gekauft
	2. Person	*compraste*	du kauftest/hast gekauft
	3. Person	*compró*	er kaufte/hat gekauft
Mz.	1. Person	*compramos*	wir kauften/haben gekauft
	2. Person	*comprasteis*	ihr kauftet/habt gekauft
	3. Person	*compraron*	sie kauften/haben gekauft

2. Verben auf *-er, -ir*

Infinitiv		*beber* – trinken	*escribir* – schreiben
Ez.	1. Person	*bebí*	*escribí*
	2. Person	*bebiste*	*escribiste*
	3. Person	*bebió*	*escribió*
Mz.	1. Person	*bebimos*	*escribimos*
	2. Person	*bebisteis*	*escribisteis*
	3. Person	*bebieron*	*escribieron*

! Die 1. und 3. Person Einzahl werden immer endbetont – daher gibt es im *indefinido* **keinen Diphthong** *(entiendo ► entendí)!*

Akzent und Betonung sind sehr wichtig, da sich Präsens und *indefinido* zB in der 3. Person Einzahl sehr ähnlich sind:

Präsens	*Indefinido*
Compro un jersey barato.	*Compró un jersey barato.*
Ich kaufe einen billigen Pullover.	Sie kaufte einen billigen Pullover.

Bei den Zeitwörtern auf ***-ar*** und ***-ir*** fallen die 1. Person Einzahl (Wir-Form) von Präsens und *indefinido* zusammen, zB:

Präsens	*Indefinido*
*Hoy **desayunamos** a las ocho.*	*Ayer **desayunamos** a las nueve.*
Heute frühstücken wir um acht.	Gestern haben wir um neun gefrühstückt.

A 116 **Ordne die Verbformen den richtigen Personen zu:**

1. *yo*
2. *tú*
3. *él/ella/usted*
4. *nosotros, -as*
5. *vosotros, -as*
6. *ellos/ellas/ustedes*

a. *comisteis*
b. *tomaron*
c. *conocí*
d. *ayudó*
e. *escuchamos*
f. *saliste*

A 117 **Setze folgende Präsensformen ins *indefinido*:**

1. *vendéis* ▶ ....
2. *aprendemos* ▶ ....
3. *hablan* ▶ ....
4. *viajáis* ▶ ....
5. *trabajo* ▶ ....
6. *recibimos* ▶ ....
7. *vive* ▶ ....
8. *juegas* ▶ ....
9. *entiendo* ▶ ....
10. *miráis* ▶ ....

A 118 **Ergänze den Raster um die fehlenden Formen:**

yo	*tú*	*él, ella, usted*	*nosotros, -as*	*vosotros, -as*	*ellos, -as, ustedes*
	tomaste				
		salió			
			hablamos		
				comisteis	
					abrieron
aprendí					

A 119 **Setze die Formen des *indefinido* ein:**

1. *Desde 1999 hasta 2003 (trabajar, yo) .... en Valencia.*
2. *Carmen (conocer) .... a su marido en una fiesta de cumpleaños.*
3. *Hace algunos meses mis hermanos (viajar) .... a América.*
4. *Ayer (comer, nosotros) .... en un restaurante italiano.*
5. *El nuevo bar andaluz (abrir) .... hace algunas semanas.*
6. *La semana pasada (volver, yo) .... de un viaje a Suiza.*
7. *Los hijos me (ayudar) .... en el jardín.*
8. *¿(Escribir, tú) .... el mensaje para el jefe?*
9. *Vosotros (aprender) .... ruso, ¿verdad?*
10. *Ayer (mirar, nosotros) .... la cartelera de espectáculos.*

B VERBEN MIT ORTHOGRAFISCHEN VERÄNDERUNGEN

Einige **Zeitwörter auf *-ar*** weisen in der **1. Person Einzahl** Veränderungen in der Schreibweise auf:

1. Bei den Zeitwörtern auf *-gar* fügt man in der Ich-Form ein *-u-* ein, um die Aussprache des *-g-* zu erhalten

g ▶ *gu*		*yo*	Restliche Formen
*lle**gar***	ankommen	***llegué***	*llegaste, llegó, llegamos, llegasteis, llegaron*
*ju**gar***	spielen	***jugué***	*jugaste, jugó, jugamos, jugasteis, jugaron*

Weitere Verben: *apagar* – abdrehen, *negar* – verneinen, *pagar* – zahlen, *rogar* – bitten, etc.

2. Bei den Zeitwörtern auf *-car* verändert sich in der Ich-Form das *-c-* zu *-qu-*

c ▶ *qu*		*yo*	Restliche Formen
*bus**car***	suchen	***busqué***	*buscaste, buscó, buscamos, buscasteis, buscaron*
*to**car***	berühren	***toqué***	*tocaste, tocó, tocamos, tocasteis, tocaron*

Weitere Verben: *equivocarse* – sich irren, *explicar* – erklären, *practicar* – üben, *sacar* – herausnehmen, etc.

3. Bei den Zeitwörtern auf *-zar* verändert sich in der Ich-Form *-z-* zu *-c-*

z ▶ *c*		*yo*	Restliche Formen
*almor**zar***	zu Mittag essen	***almorcé***	*almorzaste, almorzó, almorzamos, almorzasteis, almorzaron*
*empe**zar***	beginnen	***empecé***	*empezaste, empezó, empezamos, empezasteis, empezaron*

Weitere Verben: *comenzar* – beginnen, *cruzar* – überqueren, *realizar* – verwirklichen, etc.

- Bei einigen **Zeitwörtern auf *-er* und *-ir*** wird in der **3. Person Einzahl und Mehrzahl *-i-* zu *-y-***:

creer – glauben	Ebenso:
creí	*caer* – fallen
creíste	*construir* – bauen
creyó	*huir* – flüchten
creímos	*leer* – lesen
creísteis	*oír* – hören etc.
creyeron	

B 120

Setze in die Tabelle die fehlenden Formen des *indefinido* ein:

Einzahl	Mehrzahl
rogué	
	oyeron
expliqué	
	empezamos
leyó	
	jugaron
huí	

B 121

Setze die Formen des *indefinido* ein:

1. *Ayer (jugar, yo) .... con mi hermano menor.*
2. *Después del atentado todos (oír) .... las noticias.*
3. *El guía nos (explicar) .... la historia del Monasterio de El Escorial con todos los detalles.*
4. *Hace algunos años (empezar, yo) .... a aprender español.*
5. *Después de clase todos (almorzar) .... en un bar típico.*
6. *Ayer (almorzar, yo) .... con unos amigos en un restaurante italiano.*
7. *(Buscar, yo) .... las llaves del coche en todos los sitios, pero no las (encontrar, yo) ....*

A B 122

Verbessere die falschen Formen:

1. *paguó*
2. *leímos*
3. *buscé*
4. *explicó*
5. *llegé*
6. *empezasteis*
7. *creieron*
8. *escribiaron*
9. *tocé*
10. *escuchaste*
11. *comprimos*
12. *cruzé*

A B 123

In der *Sopa de letras* finden sich – vertikal und horizontal – 15 Formen des *indefinido*. Finde sie und bilde die Nennform dazu:

T	R	A	B	A	J	A	S	T	E
E	E	N	T	E	N	D	I	O	S
R	C	A	N	T	A	R	O	N	C
M	I	J	M	O	S	T	Y	E	R
I	B	U	S	Q	U	E	O	G	I
N	I	G	A	U	G	M	A	U	B
O	M	U	L	E	I	P	O	E	I
T	O	E	I	N	B	E	B	I	S
A	S	T	O	M	I	C	O	S	T
T	A	N	T	O	M	E	S	T	E

C FORMEN MIT VOKALWECHSEL

Einige Zeitwörter auf ***-ir*** weisen in der **3. Person Einzahl und Mehrzahl** eine **Veränderung des Stammvokals** auf:

-e- ▶ *-i-*

preferir – vorziehen	***seguir*** – folgen
preferí	*seguí*
preferiste	*seguiste*
prefirió	***siguió***
preferimos	*seguimos*
preferisteis	*seguisteis*
prefirieron	***siguieron***

Weitere Verben: *despedirse* – sich verabschieden, *elegir* – wählen, *mentir* – lügen, *pedir* – bitten, *reír* – lachen, *repetir* – wiederholen, *sentir* – bedauern, *sentirse* – sich fühlen, *servir* – dienen, *vestirse* – sich anziehen, etc.

-o- ▶ *-u-*

dormir – schlafen
dormí
dormiste
durmió
dormimos
dormisteis
durmieron

Weiteres Verb:
morir – sterben

D UNREGELMÄSSIGE FORMEN

Viele der am häufigsten gebrauchten Verben sind im ***indefinido*** unregelmäßig:

ser sein	*ir* gehen	*estar* sein	*tener* haben	*poder* können	*poner* setzen
fui	*fui*	*estuve*	*tuve*	*pude*	*puse*
fuiste	*fuiste*	*estuviste*	*tuviste*	*pudiste*	*pusiste*
fue	*fue*	*estuvo*	*tuvo*	*pudo*	*puso*
fuimos	*fuimos*	*estuvimos*	*tuvimos*	*pudimos*	*pusimos*
fuisteis	*fuisteis*	*estuvisteis*	*tuvisteis*	*pudisteis*	*pusisteis*
fueron	*fueron*	*estuvieron*	*tuvieron*	*pudieron*	*pusieron*

Bei ***ser*** und ***ir*** sind die Formen des *indefinido* identisch. Die sonst übliche Endbetonung fällt bei den unregelmäßigen Verben aus.

A B C D 124

Bei einigen der folgenden Formen des *indefinido* sind die Akzente falsch gesetzt. Korrigiere die Akzentsetzung:

1. *trabaje*
2. *pidió*
3. *hicé*
4. *comprámos*
5. *durmieron*
6. *dímos*
7. *fué*
8. *tuvó*
9. *escribió*
10. *preferí*
11. *estuvó*
12. *oyo*
13. *llegué*
14. *supiste*
15. *quisó*

C D 125

Setze folgende Präsensformen ins *indefinido:*

1. *ponéis* ▶ ....
2. *pueden* ▶ ....
3. *tengo* ▶ ....
4. *vamos* ▶ ....
5. *ves* ▶ ....
6. *estoy* ▶ ....
7. *mueren* ▶ ....
8. *prefiere* ▶ ....
9. *sigue* ▶ ....
10. *piden* ▶ ....

C D 126

Setze die Verben in die richtige Form des *indefinido*:

1. *No (poder, yo) .... dormir en toda la noche.*
2. *Este señor me (mentir) .... varias veces. Ya no quiero tener nada que ver con él.*
3. *El fin de semana Paco (tener) .... un grave accidente.*
4. *Carmen no (estar) .... en la fiesta de cumpleaños de Margarita.*
5. *¿Adónde (ir, vosotros) .... de vacaciones el verano pasado?*
6. *¿Sabes que mis amigos alemanes (llegar) .... la semana pasada?*
7. *Hace ya algunos meses que (morirse) .... el abuelo de mi novio.*
8. *Durante el viaje también (estar, nosotros) .... en Machu Picchu, la misteriosa ciudad de los incas.*
9. *¿Por qué Carlos no (seguir) .... con su carrera?*
10. *No podemos llegar tan tarde. Nos (pedir, ellos) .... que fuésemos puntuales.*
11. *Me parece que los niños no te (creer) .... nada de lo que dijiste.*
12. *Anoche (dormir, yo) .... muy mal.*
13. *Ayer (tener, nosotros) .... que ir al dentista.*
14. *El público (reírse) .... mucho en la comedia.*
15. *Mis amigos austríacos (preferir) .... tomar cerveza en vez de vino.*
16. *Los niños (dormirse) .... en seguida.*
17. *El pasado fin de semana (tener, nosotros) .... que trabajar mucho.*

hacer machen, tun	*venir* kommen	*querer* wollen, lieben	*saber* wissen, erfahren	*dar* geben	*ver* sehen
hice	*vine*	*quise*	*supe*	*di*	*vi*
hiciste	*viniste*	*quisiste*	*supiste*	*diste*	*viste*
hizo	*vino*	*quiso*	*supo*	*dio*	*vio*
hicimos	*vinimos*	*quisimos*	*supimos*	*dimos*	*vimos*
hicisteis	*vinisteis*	*quisisteis*	*supisteis*	*disteis*	*visteis*
hicieron	*vinieron*	*quisieron*	*supieron*	*dieron*	*vieron*

andar gehen	*decir* sagen	*traer* bringen	*traducir* übersetzen	*producir* erzeugen	*conducir* fahren, lenken
anduve	*dije*	*traje*	*traduje*	*produje*	*conduje*
anduviste	*dijiste*	*trajiste*	*tradujiste*	*produjiste*	*condujiste*
anduvo	*dijo*	*trajo*	*tradujo*	*produjo*	*condujo*
anduvimos	*dijimos*	*trajimos*	*tradujimos*	*produjimos*	*condujimos*
anduvisteis	*dijisteis*	*trajisteis*	*tradujisteis*	*produjisteis*	*condujisteis*
anduvieron	*dijeron*	*trajeron*	*tradujeron*	*produjeron*	*condujeron*

- Auch alle anderen Verben auf ***-ucir***, wie zB ***reducir*** – verringern, ***seducir*** – verführen u.a. bilden die Form des *indefinido* nach dem Schema von ***traducir***.

- Das Hilfszeitwort ***haber*** bildet ebenfalls eine unregelmäßige Form, wobei vor allem die 3. Person Einzahl wichtig ist, da sie die Indefinidoform von ***hay*** (es gibt) darstellt!

haber
hube
hubiste
hubo
hubimos
hubisteis
hubieron

hay ► ***hubo*** – es gab

Beachte auch, dass alle zusammengesetzten Formen, wie zB ***proponer*** – vorschlagen oder ***predecir*** – vorhersagen, immer dieselben Unregelmäßigkeiten aufweisen wie das Grundverb.

CD 127

Revoltigrama: Bilde aus den Buchstaben Indefinidoformen. Die Buchstaben in den Kästchen ergeben eine literarische Figur:

1. UDEP: ___ ___ ☐ ___
2. EFURON: ___ ___ ___ ___ ☐ ___
3. RONEINIV: ___ ___ ☐ ___ ___ ___ ___ ___
4. SEQUI: ☐ ___ ___ ___ ___
5. ROMIDU: ___ ☐ ___ ___ ___ ___
6. OSCIHIM: ___ ☐ ___ ___ ___ ___ ___
7. JONREDI: ___ ___ ☐ ___ ___ ___ ___
8. OPUS: ___ ___ ___ ☐
9. VETUSE: ___ ___ ☐ ___ ___ ___
10. UVET: ___ ___ ___ ☐

Solución: ___ ___ ___ ___ ___ ___ ___ ___ ___ ___

CD 128

Bilde aus den Elementen Sätze im *indefinido*. Artikel müssen ergänzt werden!

Modelo: *Quién / traducir / libro* ▶ *¿Quién tradujo este libro?*

1. *Hace / año / morirse / mi / padre*
2. *Ayer / haber / accidente / grave / en / carretera*
3. *A / mi / padre / no / le / gustar/ gambas*
4. *Mi / amiga / me / traer / fotos*
5. *Niños / no / me / decir / verdad*
6. *Ayer / ir / nosotros / a / cine*
7. *Domingo / estudiantes / estar / en / Toledo*
8. *Carmen / me / pedir / llaves / de / coche*

CD 129

Setze die Formen des *indefinido* ein:

1. *La secretaria (traducir) .... el texto al inglés.*
2. *¿Por qué no me (decir, tú) .... nada de tus problemas?*
3. *Ayer (saber, nosotros) .... la triste noticia del accidente de tu padre.*
4. *(Darse, nosotros) .... cuenta de que la policía en realidad no quería ayudarnos.*
5. *En agosto (hacer, nosotros) .... un viaje maravilloso a México.*
6. *¿No (ver, vosotros) .... la película "Mar adentro" de Alejandro Amenábar?*

E GEBRAUCH DES *INDEFINIDO*

Das ***pretérito indefinido*** ist die wichtigste **Erzählzeit** im Spanischen, d.h., es wird gebraucht, um über Vergangenes zu berichten oder eine Geschichte zu erzählen. Das *indefinido* lässt eine Handlung in der Vergangenheit buchstäblich „voranschreiten", weil die **Ereignisse**, die damit ausgedrückt werden, aufeinander folgen und als **abgeschlossen** betrachtet werden.

Auch der **Zeitraum**, in dem sich das geschilderte Ereignis abspielt, wird vom Sprecher als **abgeschlossen** betrachtet - zB *ayer* – gestern, *la semana pasada* – letzte Woche, *hace algunos años* – vor einigen Jahren usw.

- Im Deutschen (besonders in Österreich) kann das *indefinido* auch dem Perfekt entsprechen, vor allem im mündlichen Sprachgebrauch:

  El sábado fui de compras con una amiga.
  Am Samstag bin ich mit einer Freundin einkaufen gegangen.

  Hace dos años empecé a estudiar español.
  Vor zwei Jahren habe ich begonnen Spanisch zu lernen.

- Wird eine längere Geschichte erzählt, werden alle **Aktionen** und **neu eintretenden Handlungen** im ***indefinido*** wiedergegeben, oft auch in Verbindung zu Ausdrücken wie *por primera vez* – erstmals, *de repente* – plötzlich, etc.:

  El año pasado, en las vacaciones, ***conocí*** *a una chica maravillosa. La* ***vi*** *por primera vez en la playa de Marbella. La* ***hablé*** *y en seguida me* ***enamoré*** *de ella.* ***Salimos*** *varias veces juntos ...*
  Letztes Jahr lernte ich im Urlaub ein wunderbares Mädchen kennen. Ich sah sie zum ersten Mal am Strand von Marbella. Ich sprach sie an und verliebte mich sofort in sie. Wir gingen mehrmals zusammen aus ...

- Im Gegensatz dazu wird innerhalb einer Erzählung das ***imperfecto*** dazu verwendet, die **Umstände** zu schildern, unter denen die Ereignisse stattgefunden haben, bzw. Beschreibungen zu geben.

  El año pasado, en las vacaciones, conocí a una chica maravillosa. ***Era*** *muy guapa, de pelo castaño, y* ***tenía*** *20 años. La vi por primera vez en la playa de Marbella, cuando ella se* ***compraba*** *un helado. La hablé y enseguida me enamoré de ella. Salimos varias veces juntos y descubrimos que* ***teníamos*** *los mismos gustos e intereses ...*
  (...) Sie war sehr hübsch, hatte dunkles Haar und war 20 Jahre alt. Ich sah sie zum ersten Mal am Strand von Marbella, als sie sich gerade ein Eis kaufte. (...) Wir gingen mehrmals zusammen aus und entdeckten, dass wir dieselben Interessen hatten. ...

E 130

¿*Qué hiciste...*? Bilde Sätze in der Ich-Form mit Hilfe der Zeitangaben in der linken und den Elementen in der rechten Spalte:

el año pasado	*conocer a una persona interesante*
el fin de semana	*ir al cine*
hace un mes	*trabajar mucho*
ayer	*empezar a estudiar español*
hace unos días	*hacer las tareas*
en el año 2000	*comprar un ordenador*

E 131

Übersetze folgende Sätze und verwende dabei das *indefinido:*

1. Vor einer Woche sind wir ins Theater gegangen.
2. Gestern war ich nicht in der Schule.
3. Im Jahr 2003 habe ich einen Unfall gehabt.
4. Vor ein paar Jahren sind wir nach Südamerika gereist.
5. Am Sonntag bin ich an den Strand gefahren.

E 132

Setze die Formen des *indefinido* ein:

Un fin de semana maravilloso:
El sábado pasado unos amigos y yo (ir) (1.) .... *a la playa, a Alicante. Primero (buscar, yo)* (2.) .... *un hotel y por fin (encontrar, yo)* (3.) .... *uno bonito, limpio y barato, que no estaba muy lejos de la playa. Mis amigos (subir)* (4.) .... *el equipaje y después (salir, nosotros)* (5.) .... *en seguida para comer algo. Hacía mucho calor y (comer, nosotros)* (6.) .... *en una terraza donde hacía un poco de aire. Luego (buscar, nosotros)* (7.) .... *un lugar en la playa porque había mucha gente. (Cambiarse, nosotros)* (8.) .... *de ropa y (ir)* (9.) .... *a nadar. Incluso (jugar, yo)* (10.) .... *al waterpolo con unos chicos, pero pronto (cansarse, yo)* (11.) .... *Después (tomar, nosotros)* (12.) .... *un poco el sol y Ramón, uno de mis amigos, (dormirse)* (13.) .... *. Entonces los otros le (echar)* (14.) .... *un poco de agua para despertarle. Ramón (ponerse)* (15.) .... *furioso primero, pero luego también (reírse)* (16.) .... *mucho. Por la noche (ir, nosotros)* (17.) .... *a la discoteca y (bailar)* (18.) .... *. Después mis amigos (volver)* (19.) .... *al hotel y yo todavía (darse)* (20.) .... *un paseo por la playa. ¡Qué cansado estaba al final de ese día maravilloso!*

16. KAPITEL *PRETÉRITO IMPERFECTO*

Genau wie das *pretérito indefinido* kann das *imperfecto* im Deutschen mit dem Perfekt oder dem Präteritum wiedergegeben werden. Es wird hauptsächlich gebraucht, um **Zustände** oder **Gegebenheiten** in der **Vergangenheit zu beschreiben**, die bereits da waren, als etwas anderes begann.

A REGELMÄSSIGE FORMEN

- **Verben auf *-ar*** bilden das *imperfecto* mit der Endung auf ***-aba***:

	Infinitiv	*comprar*	kaufen
Ez.	1. Person	*compr**aba***	ich kaufte/habe gekauft
	2. Person	*compr**abas***	du kauftest/hast gekauft
	3. Person	*compr**aba***	er kaufte/hat gekauft
Mz.	1. Person	*compr**ábamos***	wir kauften/haben gekauft
	2. Person	*compr**abais***	ihr kauftet/habt gekauft
	3. Person	*compr**aban***	sie kauften/haben gekauft

- **Verben auf *-er, -ir*** bilden das *imperfecto* mit der Endung auf ***-ía:***

	Infinitiv	*beber* – trinken	*escribir* – schreiben
Ez.	1. Person	*beb**ía***	*escrib**ía***
	2. Person	*beb**ías***	*escrib**ías***
	3. Person	*beb**ía***	*escrib**ía***
Mz.	1. Person	*beb**íamos***	*escrib**íamos***
	2. Person	*beb**íais***	*escrib**íais***
	3. Person	*beb**ían***	*escrib**ían***

B UNREGELMÄSSIGE FORMEN

Nur drei Zeitwörter haben eine unregelmäßige Form im *imperfecto:*

ser sein	*ir* gehen	*ver* sehen
era	*iba*	*veía*
eras	*ibas*	*veías*
era	*iba*	*veía*
éramos	*íbamos*	*veíamos*
erais	*ibais*	*veíais*
eran	*iban*	*veían*

AB 133

Schreibe den Infinitiv folgender Verbformen in die entsprechende Spalte:

1. *tomabas*
2. *vivíamos*
3. *comían*
4. *fumaba*
5. *queríais*
6. *daba*
7. *creías*
8. *creaba*
9. *volvía*
10. *visitábamos*
11. *ibas*
12. *éramos*
13. *recibías*
14. *conocían*

Nennform auf *-ar*	Nennform auf *-er*	Nennform auf *-ir*

AB 134

***Rompecabezas:* Wie viele Formen des *imperfecto* kannst du in dieser Schlange finden? Jeder Endbuchstabe ist gleichzeitig der Anfangsbuchstabe des nächsten Zeitworts:**

▶	I	B	A	M	O	S
P	R	E	N	D	I	A
A	I	A	M	O	A	L
B	T	A		S	S	I
A	N	I	L	O	U	A
D	E	S	A	I	B	I
A	N	A	I	B	A	S

AB 135

Setze die Formen des *imperfecto* ein:

1. *Antes la gente (llevar) .... una vida más tranquila.*
2. *No (haber) .... ordenadores ni coches.*
3. *Los jóvenes (divertirse) .... jugando o leyendo.*
4. *Los mayores (hablar) .... y (darse) .... muchos paseos.*
5. *Además las ciudades (ser) .... más agradables porque no (haber) .... tanta contaminación.*
6. *Por otra parte, la vida también (ser) .... bastante dura.*
7. *La gente (tener) .... que trabajar mucho y no (poder) .... ir de vacaciones como hoy en día.*

C GEBRAUCH DES *PRETÉRITO IMPERFECTO*

Das ***imperfecto*** dient vor allem dazu, **Beschreibungen** und **Zustände** in der Vergangenheit wiederzugeben, die bereits vorhanden waren, als eine **Handlung** (▶ ***indefinido***) einsetzte.

- Kann man fragen: **Was war?** – verwendet man das ***imperfecto***.
- Kann man fragen: **Was geschah?** – verwendet man ***indefinido***.

Einige Verwendungsweisen des *pretérito imperfecto*:

Beschreibung eines Zustandes oder einer Person; Angabe der Uhrzeit in der Vergangenheit.

- *Mi abuelo* ***era*** *muy alto y delgado,* ***tenía*** *el pelo castaño y siempre* ***hablaba*** *en voz muy alta.*
  Mein Großvater war groß und schlank, hatte braunes Haar und sprach immer mit sehr lauter Stimme.
- *Ya* ***eran*** *las diez cuando salimos de casa.*
  Es war schon zehn Uhr, als wir das Haus verließen.

Beschreibung von Gewohnheiten in der Vergangenheit.

- *Antes, la gente de mi pueblo* ***iba*** *a misa todos los domingos.*
  Früher gingen die Leute meines Dorfes jeden Sonntag zur Kirche.

Gewohnheiten werden oft auch mit dem Zeitwort ***soler*** **+ Infinitiv** ausgedrückt.
Soler heißt „normalerweise etwas tun"; entspricht etwa dem englischen „to use to".

- *Cuando* ***era*** *niño,* ***solía jugar*** *al fútbol casi todos los días.*
  Als ich ein Kind war, spielte ich fast jeden Tag Fußball.

Schilderung eines Hintergrundes – was bereits war, als etwas anderes begann, bzw. Umstände und Erklärungen für eine Handlung.

- *Ayer tuve un accidente porque* ***nevaba*** *mucho y además yo* ***estaba*** *muy cansado y no me* ***podía*** *concentrar.*
  Gestern hatte ich einen Unfall, weil es stark schneite, und außerdem war ich müde und konnte mich nicht konzentrieren.

Parallel ablaufende Handlungen – häufig in Verbindung mit dem Adverb ***mientras***.

- *Yo* ***tenía*** *que fregar los platos mientras mi hermana* ***veía*** *la tele.*
  Ich musste abwaschen, während meine Schwester fernsah.

C 136

Ordne in folgende Erzählung von einem Banküberfall die erklärenden/ beschreibenden Passagen im *imperfecto* ein. Jede Stelle, an der ein Satz oder Satzteil fehlt, ist mit einer Ziffer markiert.

(1.) ... *ayer fui al banco.* (2.) ... *Cuando entré,* (3.) ... *De pronto entraron dos hombres que* (4.) ... *sacó una pistola y gritó: "¡Todos al suelo!", y enseguida toda la gente se echó al suelo. El cajero, que* (5.) ... *no reaccionó. Uno de los ladrones le dijo: "¡Dame el dinero!", pero el cajero* (6.) ... *y de repente se echó a reír: "Lo que tienes es sólo una pistola de agua...". Apretó el botón de alarma para llamar a la policía. Cuando llegó la policía, los dos hombres ya* (7.) ... *Para recuperarse del susto, casi todos los clientes se fueron al bar de al lado para tomar una copa.*

a) ... *era un hombre de unos cuarenta años y parecía ser totalmente tranquilo, ...*

b) ... *estaban atados en el suelo.*

c) ... *llevaban máscaras; uno era muy alto, el otro más bien bajo, pero éste ...*

d) *Ya tenía un poco de prisa porque ya eran las tres menos cuarto y el banco cerraba a las tres.*

e) ... *había unos seis clientes – cuatro mujeres, una de ella llevaba un niño en brazos, y dos hombres mayores. La gente estaba esperando en la caja.*

f) ... *no se movía ...*

g) *Como necesitaba dinero, ...*

C 137

Setze die Zeitwörter im *imperfecto* ein:

1. *Cuando (ser, nosotros)* .... *pequeños, mi hermana y yo siempre (discutir)* ....
2. *Cuando (vivir, yo)* .... *en Madrid, casi cada día (ir, yo)* .... *al mismo bar para desayunar. Ya (conocer, yo)* .... *al camarero y a la gente del barrio.*
3. *A mi ex-novio le (gustar)* .... *mucho el deporte; incluso los domingos (levantarse)* .... *a las cinco y media porque (correr)* .... *cada mañana unos diez kilómetros.*
4. *Todos los estudiantes de la universidad (soler)* .... *pasar las pausas en el patio. Simplemente (charlar)* .... *o (comentar)* .... *las clases, algunos (leer)* .... *libros o (estudiar)* ....
5. *¿Sabes que antes no me (gustar)* .... *nada comer carne y que ahora me encanta?*
6. *Mis profesores en el colegio (ser)* .... *muy exigentes y (soler)* .... *examinar casi cada día.*

17. KAPITEL – ÜBERSICHT ÜBER DEN GEBRAUCH DER VERGANGENHEITSZEITEN

Zum Teil hängt die Verwendung der Vergangenheitszeiten davon ab, unter welchem Aspekt der Sprecher die Ereignisse untereinander in Beziehung setzt. Die folgende Übersicht ist daher nur eine Orientierungshilfe. Vor allem der Unterschied zwischen ***pretérito perfecto*** und ***pretérito indefinido*** unterliegt im Gebrauch subjektiven Kriterien und ist auch regional unterschiedlich.

A *PRETÉRITO PERFECTO/PRETÉRITO INDEFINIDO*

Perfecto	*Indefinido*
Abgeschlossene und einmalige Handlung. Der **Zeitraum**, in dem sich die Handlung abgespielt hat, wird als **nicht abgeschlossen** betrachtet (*hoy, esta semana ...*). Die Wirkung der Handlung ist für den Sprecher noch spürbar.	Abgeschlossene und einmalige Handlung. Der **Zeitraum**, in dem sich die Handlung abgespielt hat, wird als **abgeschlossen** betrachtet *(ayer, hace un mes ...)*. Der Sprecher hat eine innere Distanz zu den Ereignissen, die Wirkung der Handlung ist für ihn nicht mehr spürbar.
Mira, hoy me he comprado estos zapatos. Schau, heute habe ich mir diese Schuhe gekauft.	*El coche ya no es nuevo. Lo compré hace cinco años.* Das Auto ist nicht mehr neu. Ich habe es vor fünf Jahren gekauft.
Man weiß gar nicht, ob oder wann ein Ereignis stattgefunden hat.	Man weiß, zu welchem Zeitpunkt das Ereignis stattgefunden hat.
¿Ya has estado en Perú? Warst du schon in Peru?	*Sí, estuve en Perú el año pasado.* Ja, ich war letztes Jahr in Peru.

B *PRETÉRITO IMPERFECTO/PRETÉRITO INDEFINIDO*

Imperfecto	*Indefinido*
Handlung **nicht abgeschlossen**, als etwas anderes begann. **Hintergrund** für Ereignisse. Frage: Was war/wie war es?	**Abgeschlossene** und einmalige Handlung. **Aktionen**, die eine Handlung fortschreiten lassen. Frage: Was geschah?
Estaba paseando por el parque, ... Ich ging im Park spazieren, ...	*... cuando un ladrón me robó el bolso.* ... als mir ein Dieb die Tasche stahl.
Beschreibungen in der Vergangenheit	**Aktionen**; historische Ereignisse
Los incas tenían una cultura muy rica. Die Inkas hatten eine reiche Kultur.	*En el siglo 16 los españoles conquistaron el imperio incaico.* Im 16. Jahrhundert eroberten die Spanier das Inkareich.

A 138

Übersetze und beachte dabei den Unterschied von *pretérito perfecto* und *indefinido:*

1. Diese Woche haben wir viel gelernt.
2. Letztes Jahr war ich in Frankreich auf Urlaub.
3. Warst du schon einmal in Mallorca?
4. Im August sind wir nach Mallorca gefahren.
5. Habe ich dir schon gesagt, dass Manuel jetzt bei SEAT arbeitet?
6. Vor einem Monat hat mein Bruder geheiratet. (heiraten = *casarse*)

A 139

Setze die Verben im *pretérito perfecto* oder *indefinido* ein:

1. *¡Qué día! No (tener, yo) .... tiempo para nada. Ahora tengo que descansar.*
2. *Siento mucho llegar tarde, es que (perder, yo) .... el autobús.*
3. *Ayer (llegar, yo) .... tarde al trabajo.*
4. *¿Todavía no (ver, tú) .... la exposición en el Museo del Prado?*
5. *El fin de semana (ir, nosotros) .... a visitar la exposición de Goya en el Museo del Prado.*
6. *¿Ya (hacer, vosotros) .... las tareas?*

B 140

Setze die Verben im *imperfecto* oder *indefinido* ein:

1. *(Ser) .... las seis, cuando (sonar) .... el despertador.*
2. *No (poder, yo) .... ir a la fiesta porque (estar, yo) .... enfermo.*
3. *Carlos (romperse) .... la pierna cuando (jugar, él) .... al fútbol.*
4. *(Caerse, yo) .... porque (llevar, yo) .... zapatos de tacón alto.*
5. *Mi amiga (estar) .... cruzando la calle, cuando la (atropellar* = überfahren*) .... un taxi.*
6. *(Tener, yo) .... seis años cuando (morirse) .... mi abuelo.*
7. *(Empezar, yo) .... a aprender español porque (querer, yo) .... pasar las vacaciones en España.*
8. *(Darse, nosotros) .... un paseo, cuando de repente (empezar) .... a llover. Y claro que no (llevar, nosotros) .... paraguas. Rápidamente (entrar, nosotros) .... en un bar.*
9. *En el restaurante, en el que (comer, yo) .... ayer, (tener, ellos) .... un menú del día fantástico.*
10. *Ayer, cuando (estar, yo) .... en el cine, de pronto (sonar) .... mi móvil.*

C VERBEN MIT UNTERSCHIEDLICHER BEDEUTUNG IM *IMPERFECTO* ODER *INDEFINIDO*

Vor allem die Verben ***conocer*** und ***saber*** haben unterschiedliche Bedeutung im Deutschen, je nachdem, ob sie im ***imperfecto*** oder ***indefinido*** gebraucht werden.
Dies hängt damit zusammen, dass im ***indefinido*** immer etwas **neu Eintretendes** gemeint ist, im ***imperfecto*** hingegen etwas **bereits Bestehendes.**
Auch bei einigen anderen Verben gibt es in gewissen Redewendungen Bedeutungsunterschiede:

Zeitwort	*Imperfecto*	*Indefinido*
conocer	kennen	kennen lernen
	*Todavía no **conocía** el nuevo museo.* Ich kannte das neue Museum noch nicht.	*En las vacaciones **conocí** a un chico muy simpático.* In den Ferien lernte ich einen sehr netten Jungen kennen.
saber	wissen	erfahren
	*No **sabía** que Carmen estudiaba medicina.* Ich wusste nicht, dass Carmen Medizin studiert.	*Ayer **supe** que Carmen terminó la carrera.* Gestern habe ich erfahren, dass Carmen das Studium beendet hat.
tener (hijos)	Kinder haben	Kinder bekommen
	*Mi tía **tenía** tres hijos.* Meine Tante hatte drei Kinder.	*En 1980 mi tía **tuvo** su primer hijo.* Im Jahr 1980 bekam meine Tante ihr erstes Kind.
ir	auf dem Weg sein	fahren, gehen
	***Íbamos** a casa, cuando empezó a llover.* Wir waren auf dem Weg nach Hause, als es zu regnen begann.	*Ayer **fuimos** a Toledo con un grupo de estudiantes.* Gestern sind wir mit einer Gruppe Studenten nach Toledo gefahren.

D ZEITBESTIMMUNGEN UND ADVERBIEN MIT *IMPERFECTO* ODER *INDEFINIDO*

Imperfecto	*Indefinido*
generalmente – im Allgemeinen ***normalmente*** – für gewöhnlich ***todos los días*** – jeden Tag ***mientras*** – während ***antes*** – früher ***desde hace*** + Zeitraum – seit	***de repente*** – plötzlich ***de pronto*** – plötzlich ***en aquel instante*** – in dem Moment ***el año pasado*** – letztes Jahr ***desde – hasta*** – von – bis

C 141

Übersetze:

1. Ich habe deinen Vater nicht gekannt.
2. Gestern habe ich unsere neue Arbeitskollegin kennen gelernt.
3. Es tut mir Leid, ich wusste nichts von deinen Problemen.
4. Ich habe aus dem Fernsehen von dem Attentat erfahren.
5. Früher hatten die Spanier mehr Kinder als heute.
6. Vor zwei Jahren hat meine Schwester ihr zweites Kind bekommen.

C 142

Setze *conocer* bzw. *saber* im *imperfecto* oder *indefinido* ein:

1. *Hace un año (yo) .... a mi novia.*
2. *Cuando tuve el accidente, todavía no (yo) .... a mi novia.*
3. *No (nosotros) .... que ibas a venir.*
4. *¿Cuándo (tú) .... lo de la enfermedad de Alberto?*
5. *Cuando empecé a estudiar, no (yo) .... mucho sobre España.*
6. *Carlos .... a María cuando estaban de vacaciones.*
7. *Los dos ya se .... desde hace varios años antes de que se enamoraran.*
8. *Ayer (yo) .... que nuestro jefe había tenido un grave accidente de tráfico.*
9. *Cuando este niño tenía cinco años, ya .... leer y escribir.*
10. *Y tú, Enrique, ¿cómo y cuándo .... a tu novia María Elena?*

D 143

Setze *mientras, antes, de repente, desde hace, desde – hasta* singgemäß ein:

1. *El hotel estuvo cerrado por renovación .... 1995 .... 1997.*
2. *.......................... comíamos, siempre veíamos la tele.*
3. *.......................... no había piscina en mi pueblo.*
4. *Lo sabía ya .... unas semanas.*
5. *Iba en coche por la carretera, cuando .... cruzó un perro ...*

B C D 144

Verbinde die Satzteile sinnvoll miteinander:

1. *Cuando conoció a su novia,*
2. *Estábamos comiendo,*
3. *Vivimos en Madrid*
4. *Me preguntaron por la calle Prim,*
5. *Mientras no teníamos coche,*

a. *pero no lo sabía.*
b. *siempre íbamos en metro al trabajo.*
c. *sólo tenía 18 años y todavía iba al colegio.*
d. *cuando de repente se fue la luz.*
e. *desde 1995 hasta 2000.*

18. KAPITEL *PRETÉRITO PLUSCUAMPERFECTO*

Das Plusquamperfekt (die Vorvergangenheit) hat im Spanischen grundsätzlich dieselbe Funktion wie im Deutschen. Es werden Ereignisse ausgedrückt, die bereits vorbei waren, als etwas anderes begann. Die Bildung erfolgt mit Hilfe des ***imperfecto*** des Hilfszeitwortes ***haber*** + **Partizip Perfekt** des jeweiligen Verbs.

A BILDUNG

	Person	*Imperfecto* von *haber*	Partizip
Ez.	1. Person	***había***	
	2. Person	***habías***	***comprado***
	3. Person	***había***	***bebido***
Mz.	1. Person	***habíamos***	***vivido***
	2. Person	***habíais***	
	3. Person	***habían***	

Había comprado heißt also „ich hatte gekauft",
habíamos ido „wir waren gefahren".
Wie im Perfekt so gibt es auch im Plusquamperfekt **keinen Unterschied zwischen „sein" und „haben".**

B VERWENDUNG

Das Plusquamperfekt wird gebraucht, um Handlungen und Ereignisse auszudrücken, die **zeitlich noch vor anderen Ereignissen in der Vergangenheit abgeschlossen** waren:

Cuando llegué a la estación, el tren ya ***había salido.***
Als ich zum Bahnhof kam, war der Zug bereits abgefahren.

Dadurch ist es zB auch möglich, Ereignisse der Vergangenheit zu erklären, indem man ihre (weiter zurückliegenden) **Ursachen** angibt:

Llegué tarde a la estación porque el metro ***había tenido*** *un accidente.*
Ich kam zu spät zum Bahnhof, weil die U-Bahn einen Unfall gehabt hatte.

Peter sólo estudiaba español porque se ***había enamorado*** *de una española.*
Peter hat nur Spanisch studiert, weil er sich in eine Spanierin verliebt hatte.

A 145

Bilde das *pluscuamperfecto* zu folgenden Verbformen:

1. *digo*
2. *hacemos*
3. *tienes*
4. *conozco*
5. *vuelve*
6. *pueden*
7. *pongo*
8. *abrimos*
9. *escribís*
10. *comemos*
11. *voy*
12. *ven*
13. *venden*
14. *tomo*
15. *salgo*
16. *te acuestas*

B 146

Setze die Verben im *pluscuamperfecto* ein:

1. *María estaba de muy mal humor porque no (dormir) .... en toda la noche.*
2. *Ya (comer, nosotros) ...., cuando por fin llegaron los últimos invitados.*
3. *Los chicos llegaron tarde porque no (sonar) .... el despertador.*
4. *Después de que (acostarse, nosotros) ...., llegó una visita inesperada.*
5. *Después de que los alumnos (terminar) .... sus tareas, podían salir al patio.*
6. *Aunque Michael ya (estar) .... varias veces en España, no sabía lo que eran "churros".*
7. *Cuando los Martínez volvieron al hotel, se dieron cuenta de que alguien les (robar) .... el dinero y los pasaportes.*
8. *Antes de empezar con el español ya (aprender, yo) .... italiano e inglés.*
9. *Después de que (levantarse, yo) ...., sentí un fuerte dolor de cabeza.*
10. *Mi amiga estaba muy contenta porque por fin (terminar) .... su libro.*

B 147

Verbinde die Satzteile sinnvoll miteinander:

1. *Llegaron tarde al cine*
2. *Terminaron antes con su trabajo*
3. *Volví a España*
4. *Tenía miedo de los perros*
5. *Tuve que comprarme botas*
6. *No quería ir al cine con Maite*

a. *porque había nevado toda la noche.*
b. *porque ya había visto la película.*
c. *porque habían charlado mucho con una vieja amiga.*
d. *porque me había mordido un perro cuando era pequeña.*
e. *porque les habíamos ayudado.*
f. *porque me había enamorado.*

19. KAPITEL | PRÄSENS DES SUBJUNTIVO

Im Gegensatz zur Wirklichkeitsform (***indicativo***), die einen tatsächlichen Sachverlauf wiedergibt, handelt es sich beim Subjuntivo um eine Möglichkeitsform, mit der du eine persönliche Haltung oder Meinung ausdrücken kannst:

Yo aprendo el subjuntivo. – Ich lerne den Subjuntivo.

Es importante que yo aprenda el subjuntivo.
Es ist wichtig, dass ich den Subjuntivo lerne.

Verwirrenderweise wird der Subjuntivo häufig mit dem deutschen Konjunktiv gleichgesetzt, ist von diesem aber in Bedeutung und Anwendung sehr verschieden. Du solltest daher versuchen, dich so weit wie möglich vom Deutschen zu lösen und auf Spanisch zu „denken".

A REGELMÄSSIGE VERBEN

Die **Endungen** des ***presente de subjuntivo*** sind beinahe gleich wie die des *presente de indicativo*, ausgetauscht werden nur die für jede Verbgruppe charakteristischen Endvokale:
Die Verben auf ***-ar*** bekommen den Vokal ***-e***, jene auf ***-er*** und ***-ir*** den Vokal ***-a***.
Ausgangspunkt für die Bildung des *presente de subjuntivo* ist immer die **1. Person Einzahl** des Indikativ Präsens. An diesen Stamm werden die entsprechenden Endungen angehängt:

Infinitivo	*ayudar*	*beber*	*abrir*
(yo)	*ayud**e***	*beb**a***	*abr**a***
(tú)	*ayud**es***	*beb**as***	*abr**as***
(él, ella, usted)	*ayud**e***	*beb**a***	*abr**a***
(nosotros, -as)	*ayud**emos***	*beb**amos***	*abr**amos***
(vosotros, -as)	*ayud**éis***	*beb**áis***	*abr**áis***
(ellos, ellas, ustedes)	*ayud**en***	*beb**an***	*abr**an***

Alle regelmäßigen Verben werden nach diesem Muster konjugiert.
Die Formen für *usted* und *ustedes* verwendest du außerdem für die bejahte, die übrigen Formen für die verneinte Befehlsform.

*Es importante que me **ayudes**.*
Es ist wichtig, dass du mir **hilfst**.

*Le dicen que no **beba** alcohol.*
Sie sagen, er **soll** keinen Alkohol **trinken**.

*No quiero que **abras** la ventana.*
Ich möchte nicht, dass du das Fenster **öffnest**.

A 148 **Ordne die Subjuntivoformen dieser regelmäßigen Verben den entsprechenden Personen zu. Beachte dabei, dass die 1. und 3. Person Einzahl die gleiche Endung haben:**

trabajen	*abras*	*escuche*
comamos	*trabajes*	*vendáis*
viva	*contesten*	*hables*
ayude	*compremos*	*hablemos*
bebáis	*reciban*	*viaje*

yo	
tú	
él, ella, usted	
nosotros, -as	
vosotros, -as	
ellos, ellas, ustedes	

A 149 **Bilde von den folgenden Indikativformen die entsprechenden Subjuntivoformen:**

1. *pregunto* ▶ ....
2. *escuchamos* ▶ ....
3. *comes* ▶ ....
4. *vende* ▶ ....
5. *compráis* ▶ ....
6. *recibo* ▶ ....
7. *vivimos* ▶ ....
8. *contesta* ▶ ....

A 150 **Ordne folgende Verbformen richtig in die entsprechende Spalte für *indicativo* bzw. *subjuntivo* zu:**

vendemos – pregunto – venda – hablen – escucháis – trabajo – comen – crees – trabajemos – escribís – vivimos – hablas – vendo – escribas – aprendéis – compramos – contesta – tomemos – hable – viva – comamos – ayudes – habléis – vivís – escuchen – vendes

Indicativo	***Subjuntivo***

A 151 **Übersetze die Verbformen:**

Es importante que ...

1. du zahlst
2. ihr lernt
3. wir sprechen
4. sie essen
5. er fragt
6. ich warte
7. du antwortest
8. wir lesen
9. ihr zuhört

B VERBEN MIT VOKALVERÄNDERUNG

Vokalveränderungen wie beim Präsens Indikativ:

1. Verben auf *-ar* und *-er*

e ▶ ie *pensar*	*e ▶ ie* *entender*	*o ▶ ue* *probar*	*o ▶ ue* *poder*	*u ▶ ue* *jugar*
piense	*entienda*	*pruebe*	*pueda*	*juegue*
pienses	*entiendas*	*pruebes*	*puedas*	*juegues*
piense	*entienda*	*pruebe*	*pueda*	*juegue*
pensemos	*entendamos*	*probemos*	*podamos*	*juguemos*
penséis	*entendáis*	*probéis*	*podáis*	*juguéis*
piensen	*entiendan*	*prueben*	*puedan*	*jueguen*

2. Verben auf *-ir*

e ▶ ie *sentir*	*o ▶ ue* *dormir*	*e ▶ i* *pedir*
sienta	*duerma*	*pida*
sientas	*duermas*	*pidas*
sienta	*duerma*	*pida*
sintamos	*durmamos*	*pidamos*
sintáis	*durmáis*	*pidáis*
sientan	*duerman*	*pidan*

Die Verben auf ***-ir*** ändern ihren Stammvokal in der 1. und 2. Person Mehrzahl von ***e*** zu ***i*** und von ***o*** zu ***u***!

C VERBEN MIT ORTHOGRAFISCHEN VERÄNDERUNGEN

1. Verben auf *-car, -gar/-guar, -ger, -gir, -guir, -cer*

Endung	Verb	Verbformen	Veränderung
-car	*buscar*	*busque, busques, ...*	*c* → ***qu*** vor ***e***
-gar	*llegar*	*llegue, llegues, ...*	*g* → ***gu*** vor ***e***
-guar	*averiguar*	*averigüe, averigües, ...*	*gu* → ***gü*** vor ***e***
-ger	*coger*	*coja, cojas, ...*	*g* → ***j*** vor ***a***
-gir	*dirigir*	*dirija, dirijas, ...*	*g* → ***j*** vor ***a***
-guir	*distinguir*	*distinga, distingas, ...*	*gu* → ***g*** vor ***a***
-cer	*vencer*	*venza, venzas, ...*	*c* → ***z*** vor ***a***

2. Verben auf *-cer, -ducir, -zar*

Endung	Verb	Verbformen	Veränderung
-cer	*conocer*	*conozca, conozcas, ...*	*c* → ***zc*** vor ***a***
-ducir	*traducir*	*traduzca, traduzcas, ...*	*c* → ***zc*** vor ***a***
-zar	*almorzar*	*almuerce, almuerces, ...*	*z* → ***c*** vor ***e***

B 152

Finde die neun falschen Formen und korrigiere sie:

1. *jugemos*
2. *puedáis*
3. *duerman*
4. *sintan*
5. *entendas*
6. *volva*
7. *queras*
8. *prefieran*
9. *encuentremos*
10. *pense*
11. *recomendes*
12. *soñéis*

C 153

Wie lautet die 1. Person Einzahl dieser Verben im *presente de subjuntivo*?

1. *ofrecer*
2. *producir*
3. *elegir*
4. *adelgazar*
5. *deducir*
6. *nacer*
7. *crecer*
8. *agradecer*

B C 154

In der *sopa de letras* verbergen sich Subjuntivo-Formen der nebenstehenden Verben. Die zwei übrig bleibenden Buchstaben sind die Initialen eines berühmten spanischen Malers. Wie heißt er?

A	V	E	R	I	G	Ü	E	D
P	R	U	E	B	E	P	S	P
E	D	U	R	M	A	I	S	O
N	I	E	G	U	E	D	N	D
S	S	I	E	N	T	A	A	A
E	V	E	N	Z	A	N	J	I
I	J	U	G	U	E	M	O	S
S	T	R	A	D	U	Z	C	A

dormir — *poder*
pedir — *negar*
sentir — *traducir*
pensar — *vencer*
probar — *coger*
jugar — *averiguar*

Solución: _____ _____

B C 155

Bilde die entsprechenden Formen des *presente de subjuntivo* zur angegebenen Person:

1. *yo*	.... *jugar*	.... *repetir*	.... *huir*	.... *servir*
2. *tú*	.... *seguir*	.... *reír*	.... *pedir*	.... *elegir*
3. *él*	.... *destruir*	.... *oler*	.... *cerrar*	.... *poder*
4. *nosotros*	.... *encontrar*	.... *corregir*	.... *concluir*	.... *entender*
5. *vosotros*	.... *sentir*	.... *preferir*	.... *querer*	.... *empezar*
6. *ellos*	.... *dormir*	.... *contar*	.... *volver*	.... *doler*

D VERBEN MIT UNREGELMÄSSIGER 1. PERSON

Ist die 1. Person Einzahl im Indikativ Präsens eines Verbs unregelmäßig, so bildest du wie bei den Verben mit orthografischen Veränderungen alle Personen des Subjuntivo Präsens ausgehend von dieser unregelmäßigen Form:

Infinitiv	*hacer*	*tener*	*salir*
1. Person Präsens Indikativ	***hag**-o*	***teng**-o*	***salg**-o*
yo	***haga***	*teng**a***	*salg**a***
tú	***hagas***	*teng**as***	*salg**as***
él, ella, usted	***haga***	*teng**a***	*salg**a***
nosotros, -as	***hagamos***	*teng**amos***	*salg**amos***
vosotros, -as	***hagáis***	*teng**áis***	*salg**áis***
ellos, ellas, ustedes	***hagan***	*teng**an***	*salg**an***

Ebenso verfährst du mit allen weiteren Verben dieser Gruppe, zB:

Infinitiv	1. Person Präsens Indikativ	Verbstamm für *subjuntivo*	Endungen
caer	*caig-o*	***caig-***	+ ***a* *as* *a* *amos* *áis* *an***
decir	*dig-o*	***dig-***	
oír	*oig-o*	***oig-***	
poner	*pong-o*	***pong-***	
traer	*traig-o*	***traig-***	
venir	*veng-o*	***veng-***	
valer	*valg-o*	***valg-***	
conducir	*conduzc-o*	***conduzc-***	
ofrecer	*ofrezc-o*	***ofrezc-***	
construir	*construy-o*	***construy-***	
ver	*ve-o*	***ve-***	

E UNREGELMÄSSIGE VERBEN

Unregelmäßig ist der Subjuntivo Präsens folgender Verben:

dar	*estar*	*haber* (Hilfsverb)	*ir*	*saber*	*ser*	*caber*
dé	*esté*	*haya*	*vaya*	*sepa*	*sea*	*quepa*
des	*estés*	*hayas*	*vayas*	*sepas*	*seas*	*quepas*
dé	*esté*	*haya*	*vaya*	*sepa*	*sea*	*quepa*
demos	*estemos*	*hayamos*	*vayamos*	*sepamos*	*seamos*	*quepamos*
deis	*estéis*	*hayáis*	*vayáis*	*sepáis*	*seáis*	*quepáis*
den	*estén*	*hayan*	*vayan*	*sepan*	*sean*	*quepan*

D
156

Ergänze die fehlenden Verbformen:

Infinitivo	*Indicativo (yo)*	*Subjuntivo (yo)*
	caigo	
venir		
		oiga
		ponga
	construyo	
conducir		
		diga
ver		

E
157

Welche Formen des Subjuntivo Präsens verbergen sich in dieser Buchstabenschlange? Gib ihren Infinitiv und die entsprechende Form des Indikativ Präsens an!

S	E	P	A	V	A	Y
N						A
A		U	E	P		M
E		Q		A		O
S		A		I		S
N		Y		S		E
E		A				S
D		H	S	I	E	T

▲

	Infinitivo	*Indicativo*	*Subjuntivo*
1.			
2.			
3.			
4.			
5.			
6.			
7.			

D E
158

Schreibe die passenden Verbformen in die Kästchen.
Welche Formen passen nicht?

ofrezca sepas traigáis construyas bendiga quepáis ponga

estemos vean construyamos traigan sepa estéis pongan

20. KAPITEL VERWENDUNG DES SUBJUNTIVO PRÄSENS

Im Spanischen wird der **Subjuntivo** sowohl im untergeordneten als auch im unabhängigen Satz sehr häufig verwendet, vor allem wenn deutlich gemacht werden soll, dass eine Mitteilung durch eine **innere Einstellung** (Wunsch, Hoffnung, Zweifel, etc.) beeinflusst ist. Im Deutschen kennen wir keine vergleichbare Struktur, weshalb bei der Bildung von Sätzen häufig nicht auf seine Verwendung geachtet wird. Eine wichtige Frage lautet daher: Wie kann ich erkennen, wann Subjuntivo zu verwenden ist?

A SUBJUNTIVO NACH AUSDRÜCKEN DER WILLENSÄUSSERUNG

Der Subjuntivo muss im mit ***que*** (dass) eingeleiteten Nebensatz verwendet werden, wenn im Hauptsatz, von dem er abhängt, eine **Willensäußerung** (Wunsch, Befehl, Vorschlag, Verbot, etc.) ausgedrückt wird.

*La madre **quiere** que su hijo **haga** las tareas.*
Die Mutter möchte, dass ihr Sohn die Hausaufgaben macht.

*Te **pido** que no **llegues** demasiado tarde.*
Ich bitte dich, dass du nicht zu spät kommst.

Weitere Verben, die eine Willensäußerung ausdrücken, sind zB:

aconsejar	jemandem raten	*permitir*	erlauben
desear	wünschen	*preferir*	vorziehen
esperar	hoffen	*prohibir*	verbieten
exigir	fordern	*proponer*	vorschlagen
pedir	bitten	*recomendar*	empfehlen

B SUBJUNTIVO NACH AUSDRÜCKEN DER GEFÜHLSÄUSSERUNG

***Me alegro de** que **estés** bien.* Ich freue mich, dass du gesund bist.
*Les **molesta** que **fume** tanto.* Es stört sie, dass er so viel raucht.

Zu den Verben dieser Gruppe, die den Subjuntivo verlangen, gehören ebenso folgende:

encantar	begeistern	*lamentar*	bedauern
enfadar	ärgern	*preocupar*	beunruhigen
extrañar	befremden	*sentir*	Leid tun
gustar	gefallen	*soportar*	ertragen
interesar	interessieren	*sorprender*	überraschen

A
159

Ergänze die fehlenden Formen im Subjuntivo Präsens:

1. *El profesor aconseja a sus alumnos que (estudiar) .... la lista de los verbos irregulares.*
2. *Su jefe exige a sus empleados que (trabajar, ellos) .... también el domingo.*
3. *Quieren que (hablar, yo) .... más alto.*
4. *Les recomiendo a ustedes que (ver, ustedes) .... esa película. Es muy buena.*
5. *Nuestro padre nos prohibe que (salir, nosotros) .... esta tarde.*
6. *Esperamos que mañana (hacer) .... buen tiempo porque queremos ir de excursión.*
7. *Te deseo que (terminar, tú) .... tu trabajo con mucho éxito.*
8. *Les pido que me (escribir, ustedes) .... lo antes posible.*
9. *El guía les recomienda a los turistas que (visitar) .... el Museo de Bellas Artes.*

B
160

Ergänze die fehlenden Formen im Subjuntivo Präsens:

1. *No me gusta que la gente me (empujar) .... en el metro.*
2. *¡Cuánto me alegro de que (estar, vosotros) .... aquí!*
3. *Siento mucho que no (poder, tú) .... venir a mi fiesta de cumpleaños.*
4. *¿A los alumnos no les molesta que el profesor les (interrumpir) .... todo el rato?*
5. *A mi perro le encanta que (ir, nosotros) .... al parque a correr.*
6. *Nos sorprende que nuestro jefe no (estar) ....*
7. *A mis padres les encanta que mis amigos les (decir) .... cosas agradables.*
8. *No soporto que siempre (llegar, tú) .... tarde.*

A B
161

Übersetze:

1. Wir bedauern, dass Sie an der Konferenz nicht teilnehmen können.
2. Es ärgert mich, dass er ständig schwätzt.
3. Ich schlage vor, dass wir gemeinsam zu Abend essen.
4. Er hofft, dass seine Arbeit Erfolg hat.
5. Mein Bruder verbietet mir, dass ich mit seinem neuen Auto fahre.
6. Sie möchte nicht, dass wir ins Kino gehen, denn sie mag das Theater lieber.

C SUBJUNTIVO NACH AUSDRÜCKEN DER UNSICHERHEIT UND DES ZWEIFELNS

*¿**Dudas** que yo **sepa** cantar?*
Zweifelst du daran, dass ich singen kann?

Weitere Verben dieser Gruppe sind zB:

desconfiar	bezweifeln, misstrauen
temer	fürchten

D SUBJUNTIVO NACH VERNEINTEN AUSDRÜCKEN DER MEINUNGSÄUSSERUNG

***No estoy seguro** de que **puedan** participar en el mitin.*
Ich bin nicht sicher, dass sie am Treffen teilnehmen können.

***No creo** que mañana **haga** sol.*
Ich glaube nicht, dass morgen die Sonne scheint.

Auf Verben und Ausdrücke der Meinungsäußerung folgt normalerweise der Indikativ. Werden diese jedoch verneint, muss im Nebensatz der Subjuntivo stehen:

Indicativo	*Subjuntivo*
***Pienso** que **es** importante aprender el subjuntivo.* Ich denke, dass es wichtig ist, den Subjuntivo zu lernen.	***No pienso** que **sea** importante aprender el subjuntivo.*
***Me parece** que no **se enteran** de nada.* Ich glaube, dass sie nichts (davon) mitbekommen.	***No me parece** que no **se enteren** de nada.*

Folgende Verben und Ausdrücke verlangen im Nebensatz

- den Indikativ, wenn sie bejaht sind,
- den Subjuntivo, wenn sie verneint sind:

me parece	ich glaube	Ebenso: *creer, suponer, sospechar, imaginar, ver, oír, darse cuenta, contar,* etc.
opino	ich meine	
es cierto	es stimmt	
es evidente	es ist offensichtlich	
es seguro	es ist sicher	
es verdad	es ist wahr	
está demostrado	es ist bewiesen	
estoy seguro/-a	ich bin sicher	

C 162

Manche Menschen hegen vielerlei Zweifel und Befürchtungen. Sie sind richtige *pesimistas*. Ergänze die fehlenden Verbformen:

1. *Pablo duda que la gente (tener) .... suficiente conciencia ecológica para separar la basura.*
2. *Enrique teme que por causa de la lluvia ácida (desaparecer) .... los bosques.*
3. *Susana desconfía de que los gobiernos (obligar) .... a la industria a usar tecnologías más ecológicas.*
4. *Iñaki duda que el agujero de ozono (disminuir) .... un día.*
5. *María teme que sus padres le (prohibir) .... participar en una acción de protesta de Greenpeace.*
6. *Inés desconfía de que la situación del medio ambiente (cambiar) ....*
7. *Soledad duda que su hermanita (estar) .... bien informada de lo que pasa en el mundo.*
8. *Toñi teme que sus amigos (gastar) .... mucha energía a lo tonto.*
9. *Ana desconfía de que los políticos (arreglar) .... el problema de la contaminación.*

D 163

Bejahe bzw. verneine die folgenden Sätze:

1. *Creo que Carlos está enfermo.*
2. *No pienso que Marta salga sola.*
3. *Me parece que tu hermana es muy trabajadora.*
4. *Carmen opina que en Austria toda la gente lleva trajes folklóricos.*
5. *María no cree que pueda visitaros en verano.*
6. *Es evidente que a Chema no le gusta el teatro.*
7. *No me parece que sus amigos hablen español.*
8. *Mis padres están seguros de que lo hacemos muy bien.*
9. *Es cierto que Paloma y Nuria juegan al tenis.*

C | D 164

Indikativ oder Subjuntivo? Ergänze die Verben:

1. *Carmen cree que la comida española (ser) .... excelente.*
2. *No creo que a los alumnos les (gustar) .... mucho los ordenadores.*
3. *Temo que su nueva secretaria no (saber) .... inglés.*
4. *No me parece bien que los menores de 16 años (beber) .... alcohol.*
5. *Estoy seguro de que en España (poder, nosotros) .... aprender mucho.*
6. *No es verdad que Carmen (saber) .... tocar la flauta.*
7. *Es evidente que los españoles (comer) .... más pescado que los austríacos.*

E SUBJUNTIVO NACH UNPERSÖNLICHEN AUSDRÜCKEN

- Unpersönliche Ausdrücke im Hauptsatz erfordern im Nebensatz den Subjuntivo, zB:

  Es mejor *que le* ***dejes*** *un recado.*
  Es ist besser, dass du ihm eine Nachricht hinterlässt.

  Me parece raro *que nunca* ***salga*** *sola.*
  Es kommt mir komisch vor, dass sie nie alleine ausgeht.

  Die folgenden unpersönlichen Ausdrücke sind ebenso Subjuntivo-Auslöser:

es (im)posible	es ist (un)möglich
es (im)probable	es ist (un)wahrscheinlich
es difícil/fácil	es ist schwierig/leicht
es imprescindible	es ist unumgänglich, unerlässlich
es lógico	es ist logisch
es mejor/peor	es ist besser/schlechter
es normal	es ist normal
es obligatorio	es ist verpflichtend
es peligroso	es ist gefährlich
es raro	es ist seltsam
es triste	es ist traurig
es una pena	es ist schade
me parece bien/mal	ich finde es gut/schlecht

- Wie im Deutschen wird auch im Spanischen nach diesen Ausdrücken (ebenso nach *querer, sentir, gustar* etc.) das Verb im Infinitiv gebraucht, wenn Haupt- und Nebensatz das gleiche Subjekt haben:

Infinitivo	*Subjuntivo*
Me parece bien ***trabajar*** *con el ordenador.* **Ich** finde es gut, mit dem Computer zu arbeiten.	*Me parece bien que los alumnos* ***trabajen*** *con el ordenador.* **Ich** finde es gut, dass **die Schüler** mit dem Computer arbeiten.

▼ Haupt- und Nebensatz haben ▼

Ich/ich dasselbe Subjekt.	**Ich/die Schüler** verschiedene Subjekte.

Bei unpersönlichen Ausdrücken kommt es außerdem darauf an, ob die Aussage allgemein gültig ist oder nicht:

Es necesario ***aprender*** *el vocabulario.* (= allgemein gültig)
Es necesario que ***aprendas*** *el vocabulario.* (= nur für dich gültig)

E 165

Was sagt die Mutter zu ihrer Tochter? Übersetze:

1. Es ist notwendig, dass du nie zu spät aufstehst.
2. Es ist besser, dass du mehr an deine Prüfungen denkst.
3. Ich finde es schlecht, dass du so viel im Internet surfst.
4. Es ist unerlässlich, dass du regelmäßig lernst.
5. Es ist verpflichtend, dass du am Ausflug teilnimmst.
6. Es ist normal, dass du die Grammatikregeln lernen musst.
7. Es ist unmöglich, dass du heute Abend ausgehst.
8. Es ist schade, dass du im Unterricht immer schwätzt.
9. Es ist logisch, dass du dem Lehrer zuhören musst.

E 166

Infinitiv oder Subjuntivo? Wenn du die entsprechenden Buchstaben der Reihe nach verbindest, ergibt sich der Name eines berühmten Pferdes aus dem Roman *„Don Quijote de la Mancha"* von Miguel de Cervantes!

1.	*Me gusta mucho … novelas.*	*leer* (R) *lea* (S)
2.	*Me gusta mucho que la gente … a las biblotecas municipales.*	*ir* (A) *vaya* (O)
3.	*Me parece aburrido … todo el día delante del televisor.*	*pasar* (C) *pase* (N)
4.	*Me parece aburrido que tú … tanto en Internet.*	*navegar* (C) *navegues* (I)
5.	*Está mal no … libros.*	*comprar* (N) *compre* (H)
6.	*Está mal que los padres no … libros a sus hijos.*	*regalar* (O) *regalen* (A)
7.	*Me parece imprescindible … diferentes lenguas.*	*hablar* (N) *hable* (S)
8.	*Me parece imprescindible que en las escuelas se … por lo menos inglés.*	*aprender* (A) *aprenda* (T)
9.	*Quiero … más de la cultura española.*	*saber* (E) *sepa* (N)

El caballo de Don Quijote se llama

1.	2.	3.	4.	5.	6.	7.	8.	9.

F SUBJUNTIVO NACH BESTIMMTEN KONJUNKTIONEN

- Bestimmte Einleitewörter erfordern den Gebrauch des Subjuntivo:

  Te doy mi teléfono ***para que*** *me* ***llames*** *mañana.*
  Ich gebe dir meine Telefonnummer, damit du mich morgen anrufst.

  Por fácil que sea *la pronunciación, hay que practicarla.*
  Selbst wenn die Aussprache leicht ist, muss man sie üben.

- Auch folgende Konjunktionen verlangen immer den Subjuntivo:

a fin de que	damit
a no ser de que	es sei denn, dass
antes de que	bevor
con tal (de) que	vorausgesetzt, dass
de ahí que	so dass
en caso de que	falls
siempre que	vorausgesetzt, dass
sin que	ohne dass

G SUBJUNTIVO ODER INDIKATIV NACH BESTIMMTEN KONJUNKTIONEN

- Nach den Einleitewörtern ***aunque***, ***cuando*** und ***mientras*** kann sowohl Subjuntivo als auch Indikativ stehen, je nachdem, was der/die SprecherIn ausdrücken möchte.

Konjunktion	*Indicativo*	*Subjuntivo*
aunque	obwohl	selbst wenn/auch wenn
cuando	(immer) wenn	wenn/sobald
mientras	während	solange/vorausgesetzt, dass
	▼ Es handelt sich um Tatsachen.	▼ Es handelt sich um Möglichkeiten oder Voraussetzungen.

Aunque *no* ***hace*** *buen tiempo, van a la playa.*
Obwohl es nicht schön ist, gehen sie zum Strand.

Aunque *no* ***haga*** *buen tiempo, van a ir a la playa.*
Selbst wenn es nicht schön ist, werden sie zum Strand gehen.

- ***Hasta que*** (= bis) verlangt

  den **Indikativ**, wenn der Satz in der **Vergangenheit** steht,
  den **Subjuntivo,** wenn die Handlung in der **Zukunft** liegt.

F
167

Wie sagt man das auf Spanisch? Übersetze:

1. Ich werde ein Kartoffelomelett machen, damit du es probieren kannst.
2. Falls es regnet, machen wir den Ausflug nicht.
3. Sein Vater lernt mit ihm, damit er die Prüfung besteht.
4. Bevor du einschläfst, muss ich dir noch eine Geschichte erzählen.
5. Wir gehen gemeinsam ins Kino, vorausgesetzt, dass du Zeit hast.
6. Sie helfen ihm, ohne dass er es möchte.
7. Carlos hat sich einen neuen Computer gekauft, damit er seinen Freunden E-Mails schreiben kann.

G
168

Welche der folgenden Sätze sind nicht korrekt? Korrigiere sie:

1. *Aunque trabaje muchísimo, todavía no ha tenido éxito.*
2. *Voy a dormir hasta que mi madre me despierta.*
3. *Cuando tenga un problema, mis padres me ayudan.*
4. *Voy a regar tus plantas mientras estés de vacaciones.*
5. *Aunque ahora estudien muchísimo, no van a aprobar el examen.*
6. *Mientras vea la tele, su madre planchaba toda la ropa.*
7. *Voy en metro aunque tengo coche.*

F G
169

Ergänze die entsprechenden Verben im Indikativ oder Subjuntivo:

1. *Espera hasta que yo (avisarte)* ....
2. *Esperó conmigo hasta que (llegar)* .... *el autobús.*
3. *Cuando* .... *(llegar, tú) a Madrid, voy a invitarte a comer.*
4. *Cuando (aterrizar)* .... *el Papa, besó la tierra.*
5. *Normalmente leo el periódico mientras (ir)* .... *en tren.*
6. *Nunca dejo un libro mientras no lo (terminar)* ....
7. *Aunque el fin de semana (llover)* .... *, vamos de excursión.*
8. *Por muy egoista que (ser, él)* .... *, te ayuda si se lo pides.*
9. *Los chicos tienen que limpiar la sala de estar antes de que (volver)* .... *sus padres.*
10. *Le pone el impermeable al niño para que no (mojarse)* .... *demasiado.*
11. *Te dejo mi bicicleta siempre que me la (devolver)* .... *mañana por la tarde.*
12. *Nunca puedo practicar la trompeta sin que los vecinos (quejarse)* ....
13. *En caso de que su oferta (ser)* .... *de interés, les pasaremos un pedido importante.*

H SUBJUNTIVO IN RELATIVSÄTZEN

- Im Relativsatz steht das Verb im **Subjuntivo**, wenn sein Bezugswort unbekannt ist, d. h., wenn mit dem Relativsatz eine Bedingung, ein Wunsch oder eine Forderung zum Ausdruck gebracht werden soll:

  Busco un coche de segunda mano *que* ***tenga*** *sistema de navegación.*
  Ich suche einen Gebrauchtwagen, der ein Navigationssystem besitzt.
  (▶ Ich weiß nicht, ob es einen solchen Wagen gibt!)

- Ist das Bezugswort des Relativsatzes hingegen bekannt, steht im Relativsatz der **Indikativ**:

  Tengo un coche de segunda mano *que* ***tiene*** *sistema de navegación.*
  Ich habe einen Gebrauchtwagen, der ein Navigationssystem besitzt.
  (▶ Ich weiß, dass es diesen Wagen gibt!)

- Auch wenn im Hauptsatz ein Nichtvorhandensein ausgedrückt wird, steht der **Subjuntivo**:

  No hay quien ***pueda*** *ayudarte.*
  Es gibt niemanden, der dir helfen kann.

  Diese Regel kommt auch zur Anwendung, wenn sich das Relativpronomen auf ein verneintes unbestimmtes Fürwort – *nadie* (niemand), *ninguno/a* (kein/e), *nada* (nichts) – bezieht:

  No me compro ***nada*** *que no me* ***guste****.*
  Ich kaufe mir nichts, was mir nicht gefällt.

- Der **Subjuntivo** wird außerdem in Relativsätzen verwendet, deren Subjekt oder Objekt unbekannt ist:

  Cómprate ***lo que quieras***. Kauf dir, was du willst.
  Vamos ***adonde quieras***. Wir fahren, wohin du willst.

H
170

Stell dir vor, ein berühmter spanischer Filmregisseur sucht passende Schauspieler für seinen neuen Film. Wie lauten die entsprechenden Verbformen?

Se buscan actores que …

1. *tener buena presencia*
2. *saber inglés*
3. *vivir cerca de Madrid*
4. *poseer coche propio*
5. *interesarse por las novelas policíacas*
6. *conocer la vida nocturna de la capital española*
7. *no llevar gafas*
8. *no pesar demasiado*
9. *querer colaborar en el guión*
10. *mostrarse dispuestos a trabajar duramente*
11. *ser bastante fuertes*
12. *no fumar ni beber*

… para una película de suspense.

H
171

Den gewünschten Schauspieler gibt es anscheinend nicht. Ergänze die Verben:

1. *No hemos encontrado a ningún actor que (corresponder) …………………………… a esas cualidades.*
2. *Ahora no disponemos de nadie que (poder) …………………………… actuar en la película "Superman en Madrid".*
3. *Tampoco conozco a nadie que (saber) …………………………… otro idioma que castellano.*
4. *No quiero hacer nada que no me (gustar) …………………………… .*
5. *¿No hay nadie aquí que (poder) …………………………… echarme una mano?*
6. *Lo único que me consuela: No hay nadie que no (tener) …………………………… problemas.*

H
172

Beantworte die Fragen, indem du *el que, la que, los que, las que* verwendest:

Modelo: *¿Quiénes aprueban el examen? (estudiar mucho)* ► *Los que estudien mucho.*

1. *¿Con qué chica pasas el fin de semana? (querer)*
2. *¿Con quién cenas esta tarde? (tener tiempo)*
3. *¿Quiénes van a ir al concierto? (tener entrada)*
4. *¿Qué equipo de fútbol va a ganar el próximo partido? (conseguir meter más goles)*
5. *¿En qué playa vas a pasar tus vacaciones? (haber poca gente)*

I SUBJUNTIVO IN UNABHÄNGIGEN SÄTZEN

Im unabhängigen Satz verwendet man den **Subjuntivo**, wenn er mit ***ojalá*** (= hoffentlich), ***acaso*** (= vielleicht), ***quizá(s)*** (= vielleicht), ***tal vez*** (= vielleicht), ***probablemente*** (= wahrscheinlich) oder mit ***que*** (= auf dass) eingeleitet wird, um Wunsch bzw. Vermutung und Wahrscheinlichkeit auszudrücken:

> *¡**Ojalá** no **llueva**!* Hoffentlich regnet es nicht!
> ***Quizás** te **pueda** acompañar.* Vielleicht kann ich dich begleiten.
> ***Probablemente** no **venga**.* Wahrscheinlich kommt er nicht.
> *¡**Que te diviertas** mucho!* Gute Unterhaltung!
> (Wörtlich übersetzt: Auf dass du dich gut unterhältst!)

Auf die Adverbien *acaso*, *quizá(s)*, *tal vez* und *probablemente* kann sowohl Indikativ als auch Subjuntivo folgen:

acaso *quizá(s)* *tal vez* *probablemente*	**+ Indikativ:**	Die vom Sprecher geäußerte Vermutung ist sehr wahrscheinlich.
	+ Subjuntivo:	Die vom Sprecher geäußerte Vermutung ist weniger wahrscheinlich.

! Stehen die Adverbien ***acaso***, ***quizá(s)*** und ***tal vez*** hinter dem Verb, verwendet man **immer** den **Indikativ**:

> ***Vendrán quizás** para el cumpleaños de Nuria.*
> Vielleicht werden sie zum Geburtstag von Nuria kommen.
>
> ***Se compró** un móvil **tal vez**, pero no se lo contó a nadie.*
> Vielleicht hat er sich ein Handy gekauft, aber er hat es niemandem erzählt.

Sätze, die mit ***a lo mejor*** (= vielleicht, möglicherweise) eingeleitet werden, stehen ebenfalls **immer** im **Indikativ**!

> ***A lo mejor consigo** unas entradas para el concierto del sábado.*
> Vielleicht bekomme ich Eintrittskarten für das Konzert am Samstag.

I
173

Carlos freut sich, dass seine Eltern ans Meer in Urlaub fahren und er eine „sturmfreie Bude" hat. Damit sie wohl ja schnell fahren, überhäuft er sie mit Wünschen. Formuliere sie, indem du Sätze bildest, die mit *que* eingeleitet werden!

1. *pasarlo bien durante las vacaciones*
2. *tener buen viaje*
3. *divertirse en la playa*
4. *hacer buen tiempo*
5. *conocer a mucha gente*
6. *ser simpáticos los camareros*
7. *no gastar demasiado dinero*
8. *comer bien*
9. *no robarles el dinero*
10. *descansar muchísimo*
11. *no preocuparse*

I
174

Jetzt, wo er alleine zu Hause ist, hat Carlos natürlich auch selbst einige Wünsche. Wie lauten sie auf Spanisch?

1. Hoffentlich rufen mich meine Freunde an!
2. Hoffentlich kommen meine Eltern nicht zu früh zurück!
3. Hoffentlich kommt die Großmutter nicht!
4. Hoffentlich bringen sie mir etwas mit!
5. Hoffentlich fürchte ich mich nicht!
6. Hoffentlich geht alles gut für mich!

I
175

Indikativ oder Subjuntivo? Konjugiere die Infinitive in der Klammer!

1. *A lo mejor ese escritor me (dar) .... un autógrafo.*
2. *He preparado todas las cosas, ¡ojalá todo (salir) .... bien!*
3. *Vamos a escribir un examen. – ¡Que (tener, vosotros) .... suerte!*
4. *Probablemente (tener, ustedes) .... que aceptar sus condiciones.*
5. *Quizás (poder, nosotros) .... llegar a tiempo.*
6. *¡Ojalá (tener, él) .... tu edad!*
7. *A lo mejor (ir, nosotros) .... a España este mes.*
8. *¡Que (aprovechar, tú) .... esta ocasión!*
9. *Quizás (estudiar, él) .... más, pero no es tan inteligente como ella.*
10. *¡Hasta mañana, que (descansar, tú) .... !*
11. *Tal vez (ser, él) .... millonario, pero no se nota.*
12. *Probablemente (nevar) .... la próxima semana.*

21. KAPITEL | IMPERFEKT DES SUBJUNTIVO

A REGELMÄSSIGE VERBEN

Der *imperfecto de subjuntivo* wird von der **3. Person Plural** des ***indefinido*** abgeleitet. An den Stamm werden die entsprechenden Endungen angehängt.
Es gibt zwei Formen dieses Tempus: eine, die auf ***-ara/-iera***, und eine, die auf ***-ase/-iese*** endet. Beide Formen sind von ihrer Bedeutung her gleichwertig. Die Endungen für die Verben auf ***-er*** und ***-ir*** sind gleich.

Infinitiv	*ayud**ar***	*beb**er***	*abr**ir***
3. Person Plural *indefinido*	*ayud-**aron***	*beb-**ieron***	*abr-**ieron***
yo	***ayudara*** ***ayudase***	***bebiera*** ***bebiese***	***abriera*** ***abriese***
tú	***ayudaras*** ***ayudases***	***bebieras*** ***bebieses***	***abrieras*** ***abrieses***
él, ella, usted	***ayudara*** ***ayudase***	***bebiera*** ***bebiese***	***abriera*** ***abriese***
nosotros, -as	***ayudáramos*** ***ayudásemos***	***bebiéramos*** ***bebiésemos***	***abriéramos*** ***abriésemos***
vosotros, -as	***ayudarais*** ***ayudaseis***	***bebierais*** ***bebieseis***	***abrierais*** ***abrieseis***
ellos, ellas, ustedes	***ayudaran*** ***ayudasen***	***bebieran*** ***bebiesen***	***abrieran*** ***abriesen***

Achtung: Die 1. Person Plural trägt einen Akzent!

B UNREGELMÄSSIGE VERBEN

Alle Unregelmäßigkeiten des *indefinido* finden sich auch im Imperfekt des Subjuntivo wieder:

*andar: **anduv**iera/-iese*	*ir/ser: **fu**era/-ese*
*caber: **cup**iera/-iese*	*poder: **pud**iera/-iese*
*conducir: **conduj**era/-ese*	*poner: **pus**iera/-iese*
*dar: **diera**/-iese*	*querer: **quis**iera/-iese*
*decir: **dij**era/-ese*	*saber: **sup**iera/-iese*
*estar: **estuv**iera/-iese*	*tener: **tuv**iera/-iese*
*haber: **hub**iera/-iese*	*traer: **traj**era/-ese*
*hacer: **hic**iera/-iese*	*venir: **vin**iera/-iese*

Hinweise zur Verwendung des Subjuntivo Imperfekt findest du unter **Zeitenfolge im Subjuntivo-Satz** (Seite 108) und **Bedingungssätze** (Seite 128).

A | B 176

Konjugationsmeister/in gesucht! Wie lange brauchst du für die Bildung der 3. Person Plural des *indefinido* und die gesuchten Formen des Subjuntivo Imperfekt?

	3. Person Plural Indefinido		Subjuntivo Imperfekt	
1.	*andar*	....	*nosotros*	....
2.	*caber*	....	*él*	....
3.	*comprar*	....	*ella*	....
4.	*conducir*	....	*usted*	....
5.	*dormir*	....	*él*	....
6.	*estar*	....	*vosotros*	....
7.	*hablar*	....	*ellos*	....
8.	*hacer*	....	*ellas*	....
9.	*ir*	....	*yo*	....
10.	*leer*	....	*ella*	....
11.	*pedir*	....	*ustedes*	....
12.	*poder*	....	*tú*	....
13.	*poner*	....	*usted*	....
14.	*querer*	....	*ellos*	....
15.	*saber*	....	*vosotros*	....
16.	*salir*	....	*nosotros*	....
17.	*seguir*	....	*él*	....
18.	*ser*	....	*tú*	....
19.	*tener*	....	*ellos*	....
20.	*traer*	....	*ellas*	....
21.	*vender*	....	*yo*	....
22.	*venir*	....	*nosotros*	....
23.	*vivir*	....	*ella*	....
24.	*volver*	....	*ustedes*	....

22. KAPITEL ZUSAMMENGESETZTE ZEITEN DES SUBJUNTIVO

A PERFEKT DES SUBJUNTIVO

Das Perfekt des Subjuntivo wird mit dem **Subjuntivo Präsens** des Hilfszeitwortes ***haber*** + **Partizip Perfekt** gebildet. Wie beim Indikativ des Perfekt (= *pretérito perfecto*) ist das Partizip dabei unveränderlich:

	Subjuntivo von *haber*	Partizip Perfekt
yo	***haya***	***ayudado*** ***bebido*** ***abierto***
tú	***hayas***	
él, ella, usted	***haya***	
nosotros, -as	***hayamos***	
vosotros, -as	***hayáis***	
ellos, -as, ustedes	***hayan***	

Verwendet wird diese Zeit des Subjuntivo, wenn auf Ausdrücke, die ihn verlangen (vgl. **Verwendung des Subjuntivo Präsens**), eine Aussage folgt, die sich auf die unmittelbare Vergangenheit bezieht:

Espero que haya aprobado *el examen.*
Ich hoffe, dass er die Prüfung bestanden hat.

Me alegro de que hayas venido *a mi fiesta.*
Ich freue mich, dass du zu meiner Party gekommen bist.

B PLUSQUAMPERFEKT DES SUBJUNTIVO

Das Plusquamperfekt des Subjuntivo wird mit dem **Subjuntivo Imperfekt** des Hilfszeitwortes ***haber*** + **Partizip Perfekt** gebildet. Wie beim Subjuntivo Perfekt ist das Partizip dabei unveränderlich:

	Subjuntivo Imperfekt von *haber*	Partizip Perfekt
yo	***hubiera/hubiese***	***ayudado*** ***bebido*** ***abierto***
tú	***hubieras/hubieses***	
él, ella, usted	***hubiera/hubiese***	
nosotros, -as	***hubiéramos/hubiésemos***	
vosotros, -as	***hubierais/hubieseis***	
ellos, -as, ustedes	***hubieran/hubiesen***	

In Sätzen, die mit ***como si*** (= als ob) eingeleitet werden, verwendet man entweder den Subjuntivo Plusquamperfekt oder den Subjuntivo Imperfekt, um einen irrealen Vergleich auszudrücken.

Hinweise zur weiteren Verwendung findest du im Abschnitt **Bedingungssätze** (Seite 128)!

A
177

Ersetze die Infinitive durch die entsprechende Form des Subjuntivo Perfekt:

1. *No creo que Juan (llegar) .... todavía.*
2. *Espero que (venir, ellos) ....*
3. *Les parece positivo que los chicos (ponerse) .... de acuerdo.*
4. *No pienso que el técnico (arreglar) .... el ordenador como acordamos.*
5. *Me molesta que lo (vender, ellos) .... sin decirme nada.*
6. *Nos ha parecido bien que los alumnos (ser) .... puntuales.*
7. *No me ha gustado que (escribirle, tú) .... un e-mail a él antes que a mí.*
8. *El profesor de estos chicos no cree que (romper, ellos) .... el cristal de aquella ventana jugando al fútbol.*
9. *Dudo que (estudiar, tú) .... tanto como dices.*
10. *Me encanta que (hacer, ellos) .... lo que les dije.*

B
178

Verbinde die Elemente der beiden Spalten:

1. *Carlos comió como si*	a. *hubieran tenido mucha experiencia.*
2. *Condujo como si*	b. *les hubieran contado un chiste divertido.*
3. *Trabajaron como si*	c. *hubiera trabajado mucho.*
4. *Se rieron como si*	d. *le hubiera tocado la lotería.*
5. *Durmió como si*	e. *hubiera tenido mucha prisa.*
6. *Gastó tanto dinero como si*	f. *le hubieran ofendido.*
7. *Se comportó como si*	g. *hubiera visto un fantasma.*
8. *Me miró como si*	h. *hubiera sido piloto de carreras.*

23. KAPITEL | ZEITENFOLGE IM SUBJUNTIVO-SATZ

Die Zeit des Verbs im Hauptsatz bestimmt die Zeit des Subjuntivo im Nebensatz. Prinzipiell unterscheidet man zwei Gruppen von Zeiten:

A ZEIT DER GEGENWART IM HAUPTSATZ

Hauptsatz		Nebensatz *(subjuntivo)*
presente ***perfecto*** ***futuro*** ***imperativo***	+ ***que*** (= dass) +	***presente*** ***perfecto***

Wenn das Verb im Hauptsatz in einer Zeit der Gegenwart steht, wird im Nebensatz der Subjuntivo Präsens (= Gleichzeitigkeit) bzw. der Subjuntivo Perfekt (= Vorzeitigkeit) verwendet. ZB:

- *Siento que no **puedas** venir.*
  Es tut mir Leid, dass du nicht kommen kannst.

  *Dile que nos **llame** inmediatamente.*
  Sag ihm, er soll uns sofort anrufen.

  ← Gleichzeitigkeit

- *Me alegro de que **hayas tenido** suerte.*
  Ich freue mich, dass du Glück gehabt hast.

  *Me alegraré de que **haya aprobado** el examen.*
  Ich werde mich freuen, wenn er die Prüfung geschafft hat.

  ← Vorzeitigkeit

B ZEIT DER VERGANGENHEIT IM HAUPTSATZ

Hauptsatz		Nebensatz *(subjuntivo)*
imperfecto ***indefinido*** ***pluscuamperfecto*** ***condicional simple* +** ***compuesto***	+ ***que*** (= dass) +	***imperfecto*** ***pluscuamperfecto***

Steht das Verb des Hauptsatzes hingegen in einer Zeit der Vergangenheit, so muss im Nebensatz ebenfalls eine Zeit der Vergangenheit des Subjuntivo stehen, zB:

- *Sintieron que **estuvieras** enfermo.*
  Es tat ihnen Leid, dass du krank warst.

  ← Gleichzeitigkeit

- *Me habría alegrado de que **hubieras venido**.*
  Ich hätte mich gefreut, wenn du gekommen wärest.

  ← Vorzeitigkeit

AB 179

Nach der Lösung dieser Aufgabe darfst du dich wohl mit dem Titel MAESTRO/A DEL SUBJUNTIVO schmücken. Du musst bloß die entsprechenden Verben in der richtigen Zeit und im richtigen Modus, sprich Indikativ oder Subjuntivo, ergänzen.

1. *Carlos me llamó para que (saber, yo) .... lo que pasaba.*
2. *Me encantaría que (venir, vosotros) .... a mi fiesta.*
3. *No te permito que me (hablar, tú) .... así.*
4. *Se prohibe que los alumnos (fumar) .... en la escuela.*
5. *Me ruega que le (ayudar, yo) .... a hacer la traducción.*
6. *Me parece que (ir) .... a llover.*
7. *Nos han dicho que (tener, nosotros) .... que volver rápidamente.*
8. *Prefirió que (callarse, ellos) .... y no (hablar, ellos) .... más.*
9. *No era necesario que Carmen (conducir) .... el coche.*
10. *Nos parecía imposible que (conseguir, tú) .... convencerle.*
11. *Dudó que su madre (saber) .... toda la verdad.*
12. *Necesitamos que alguien nos (explicar) .... cómo funciona este aparato.*
13. *Nosotros no decimos que ésta (ser) .... la solución ideal, pero creemos que (ser) .... la más adecuada en esta situación.*
14. *Me alegro de que María y tú (aprobar) .... ya el examen final de este año escolar.*
15. *Te aconsejo que (tener, tú) .... cuidado con aquella oferta de ordenador portátil.*
16. *Creo que nosotros no (trabajar) .... bastante.*
17. *Lamentamos que (estar, ella) .... enferma y que no (poder) .... acompañarnos.*
18. *Vuestro profesor os pidió que no (criticar, vosotros) .... las costumbres españolas antes de conocer el país.*
19. *Siento mucho que no (poder, yo) .... quedarme más tiempo.*
20. *Sus padres no querían que Carlos y sus amigos (ir) .... solos a Austria.*
21. *El padre prohibe a su hijo que (salir) ....*
22. *Hacía falta que ellos (ir) .... al médico.*
23. *Era lógico que Pedro (estar) .... enfadado.*
24. *¿Te has dado cuenta de que (llover) .... ?*
25. *No me gusta que (salir, tú) .... con este chico.*
26. *En la fiesta me pareció que Nuria (estar) .... un poco preocupada.*
27. *No creo que los jóvenes de España (fumar) .... más que los austríacos.*
28. *Era importante que los turistas (llevar) .... paraguas.*

24. KAPITEL IMPERATIV

Grundsätzlich muss im Spanischen bei der Bildung der Befehlsform darauf geachtet werden, ob sie bejaht (= ***el imperativo afirmativo***) oder verneint (= ***el imperativo negativo***) ist.

A REGELMÄSSIGE FORMEN DES BEJAHTEN IMPERATIVS FÜR DIE 2. PERSON EINZAHL (*TÚ*)

Infinitiv	*ayudar*	*beber*	*abrir*
tú	***¡ayuda!*** hilf!	***¡bebe!*** trink!	***¡abre!*** öffne!

- Der ***imperativo afirmativo*** der 2. Person Einzahl (*tú*) hat die gleiche Form wie die 3. Person Einzahl des Indikativ Präsens:

  ¡Ayuda a tu hermano! ► Hilf deinem Bruder!
  Ayuda a su hermano. ► Er hilft seinem Bruder.

- Alle Unregelmäßigkeiten der 3. Person Einzahl gelten auch für diese Form:

  El chico piensa en su novia. ► Der Junge denkt an seine Freundin.
  ¡Piensa en tu novia! ► Denk an deine Freundin!
  La chica cuenta un chiste. ► Das Mädchen erzählt einen Witz.
  ¡Cuenta un chiste! ► Erzähl einen Witz!

- Die Personal- und Reflexivpronomen müssen beim bejahten Imperativ immer angehängt werden! Zur Beibehaltung der Aussprache des Verbs muss ein **Akzent** gesetzt werden:

  *¡Ayú**dame**!* Hilf mir!
  *¡Siénta**te**!* Setz dich!

B UNREGELMÄSSIGE FORMEN DES BEJAHTEN IMPERATIVS FÜR DIE 2. PERSON EINZAHL (*TÚ*)

Es gibt **nur acht** Zeitwörter, deren bejahter Imperativ der 2. Person Einzahl unregelmäßig ist:

decir	sagen	→	***¡di!***
hacer	machen	→	***¡haz!***
ir	gehen	→	***¡ve!***
poner	stellen	→	***¡pon!***
salir	ausgehen	→	***¡sal!***
ser	sein	→	***¡sé!***
tener	haben	→	***¡ten!***
venir	herkommen	→	***¡ven!***

A 180 **Schreibe eine Gebrauchsanweisung für einen Roboter, der statt dir Vokabeln lernt, während du schläfst. Verwende dafür die Formen des Imperativs der 2. Person Einzahl.**

1. *enchufar el robot*
2. *apretar el botón verde que pone "start"*
3. *escribir en el teclado las palabras que quieres aprender*
4. *bostezar un poco para que el robot se dé cuenta de que estás muy cansado*
5. *volver a apretar el botón verde hasta oír la canción "Duerme, duerme negrito"*
6. *meterse en la cama*
7. *dormir unas horas*
8. *levantarse*
9. *apagar el robot con el botón rojo que pone "stop"*
10. *desenchufar el robot*

B 181 **Übersetze:**

1. Deck den Tisch!
2. Pack die Koffer!
3. Sag die Wahrheit!
4. Geh zum Arzt!
5. Sei großzügig!
6. Komm her!
7. Pass auf!
8. Geh am Abend aus!

A B 182 **Beantworte die Fragen wie im Beispiel. Wenn es nötig ist, musst du die Pronomen ändern.**

Modelo: *¿Te ayudo hoy o mañana?* ▶ *¡Ayúdame mañana!*

1. *¿Os pongo la tele ahora o más tarde? (más tarde)*
2. *¿Me meto en la cama o estudio? (en la cama)*
3. *¿Hago una excursión o me quedo en casa? (una excursión)*
4. *¿Me ducho o tomo un baño? (un baño)*
5. *¿Te escribo un e-mail o un SMS? (SMS)*
6. *¿Le regalo un CD o un DVD? (CD)*
7. *¿Voy en coche o en tren? (en tren)*
8. *¿Salgo contigo o con ella? (con ella)*

C REGELMÄSSIGE FORMEN DES BEJAHTEN IMPERATIVS FÜR DIE 2. PERSON MEHRZAHL (*VOSOTROS, -AS*)

Infinitiv	*ayudar*	*beber*	*abrir*
vosotros, -as	***¡ayudad!*** helft!	***¡bebed!*** trinkt!	***¡abrid!*** öffnet!

- Der ***imperativo afirmativo*** der 2. Person Mehrzahl (*vosotros, -as*) wird von der Nennform abgeleitet:

  zB: *ayudar* ▶ *¡ayuda**d**!*

  Das *-**r*** wird durch ein *-**d*** ersetzt. Diese Form ist die grammatikalisch korrekte. In der Umgangssprache verwendet man die Nennform:

  ¡ayudar! helft!
  ¡beber! trinkt!
  ¡abrir! öffnet!

> Alle Formen in der 2. Person Mehrzahl (*vosotros, -as*) sind regelmäßig.
> **Es gibt keine Ausnahmen!!!**

- Durch das Anhängen der Reflexivpronomen an die 2. Person Mehrzahl des bejahten Imperativ fällt das ***-d*** weg, umgangssprachlich wird auch hier die Nennform gebraucht:

  *senta**d** + os* ▶ *¡sentaos! / ¡sentaros!* Setzt euch!
  ABER: *irse: **id** + os* ▶ *¡idos! / ¡iros!* Geht weg!

D BEJAHTER IMPERATIV FÜR DIE 3. PERSON EINZAHL UND MEHRZAHL (*USTED/USTEDES*)

Die Formen der 3. Person Einzahl und Mehrzahl des ***imperativo afirmativo*** entsprechen den Formen des ***presente de subjuntivo***:

Infinitiv	*ayud**ar***	*beb**er***	*abr**ir***
usted	*¡ayu**de** usted!*	*¡beb**a** usted!*	*¡abr**a** usted!*
ustedes	*¡ayu**den** ustedes!*	*¡beb**an** ustedes!*	*¡abr**an** ustedes!*

Der **Ausgangspunkt** für die Bildung der Befehlsform der 3. Person Einzahl und Mehrzahl (*usted/ustedes*) ist immer die **1. Person Einzahl** des **Indikativ Präsens**. Die Endungen haben aber die umgekehrten Vokale im Vergleich zu ihren Infinitivendungen und weisen die gleichen Unregelmäßigkeiten wie diese Form auf:

*probar (pr**ue**bo)* ▶ ***¡pruebe(n)!***
*pedir (p**i**do)* ▶ ***¡pida(n)!***

C 183 **Wandle die Sätze wie im Beispiel in Aufforderungen um:**

Modelo: *Tenéis que dormir más.* ► *¡Dormid más!*

1. *Tenéis que montar en bici.*
2. *Tenéis que usar con modalidad la sal.*
3. *Tenéis que comer alimentos frescos.*
4. *Tenéis que acostaros temprano.*
5. *Tenéis que practicar deporte.*
6. *Tenéis que ser respetuosos con los demás.*
7. *Tenéis que estar en contacto con la naturaleza.*

D 184 **Sieh dir die folgenden Verbformen an, die entweder im Präsens oder im Imperativ stehen. Ordne sie in die richtige Spalte ein und ergänze die Tabelle mit den fehlenden Formen:**

1. ~~*compro*~~
2. *haga*
3. *escribo*
4. *venda*
5. *vaya*
6. *tengo*
7. *viva*
8. *salga*

	Imperativo	**Presente**	**Infinitivo**
	usted	**yo**	
1.	compre	**compro**	comprar
2.			
3.			
4.			
5.			
6.			
7.			
8.			

C D 185 **Ergänze die Tabelle mit den entsprechenden Imperativformen. Achte auf den sich ändernden Stammvokal:**

	pr**o**bar	p**e**nsar	p**e**dir
usted			
vosotros, -as			
ustedes			
	rep**e**tir	c**o**ntar	emp**e**zar
usted			
vosotros, -as			
ustedes			

E VERNEINTER IMPERATIV

- Für alle Personen dieser Form des Imperativs werden wie für die 3. Person Einzahl und Mehrzahl die Endungen des ***presente de subjuntivo*** verwendet:

Infinitiv	*ayudar*	*beber*	*abrir*
tú	*¡**no** ayud**es**!*	*¡**no** beb**as**!*	*¡**no** abr**as**!*
vosotros, -as	*¡**no** ayud**éis**!*	*¡**no** beb**áis**!*	*¡**no** abr**áis**!*
usted	*¡**no** ayud**e**!*	*¡**no** beb**a**!*	*¡**no** abr**a**!*
ustedes	*¡**no** ayud**en**!*	*¡**no** beb**an**!*	*¡**no** abr**an**!*

- Auch für alle verneinten Formen ist immer die **1. Person Einzahl** des **Indikativ Präsens** der **Ausgangspunkt**. Die Unregelmäßigkeiten bleiben deshalb erhalten:

  *salir (**salg**o) ► ¡**no salg**a(n) usted(es)! ¡**no salg**as! ¡**no salg**áis!*

- Im Unterschied zum ***imperativo afirmativo*** müssen beim ***imperativo negativo*** die Personal- und Reflexivpronomen immer **vor** dem konjugierten Zeitwort stehen:

*¡**No le** ayudes!*	Hilf ihm nicht!
*¡**No te** sientes!*	Setz dich nicht!

E 186 **Verwandle die verneinte Befehlsform in die bejahte und umgekehrt:**

1. *¡Pon la mesa!* 2. *¡No salgas con ella!* 3. *¡No comáis la tortilla!* 4. *¡Cómprate un ordenador portátil!* 5. *¡No habléis despacio!* 6. *¡Venid a la fiesta!* 7. *¡Pidan permiso!* 8. *¡Abrid la ventana!* 9. *¡Levántate más tarde!* 10. *¡Ayuda a Jorge!* 11. *¡No cierres la puerta!*

E 187 **Markiere jene Verbformen, die den bejahten Imperativ wiedergeben, und trage anschließend die entsprechenden Infinitive und Personen (*tú, vosotros, usted, ustedes*) in die Tabelle ein:**

1. *~~di~~*
2. *siga*
3. *tomad*
4. *cierren*
5. *comed*
6. *piden*
7. *coman*
8. *estudian*
9. *escribió*
10. *hablé*
11. *tomas*
12. *hice*
13. *tuviste*
14. *hacéis*
15. *ponga*
16. *cuenta*
17. *ven*
18. *haz*
19. *volved*
20. *id*
21. *vuelven*
22. *vengo*
23. *escuche*
24. *tienes*
25. *soy*
26. *están*
27. *quieres*
28. *vayan*
29. *empiece*
30. *cruza*
31. *giren*
32. *dé*
33. *viste*
34. *vais*
35. *dijo*
36. *salen*
37. *esperan*
38. *decís*
39. *bailad*
40. *canten*

1. *decir (tú)*			

E 188 **Wie lauten zu den Infinitiven der Übung 187 die Formen des *imperativo negativo*? Trage sie in die Liste ein:**

1. *no digas*			

E 189 **Ergänze die Sätze mit den passenden Formen des Imperativs:**

1. *Si no te sientes bien, ¡no (fumar)* .... *!*
2. *Si no ganas mucho dinero, ¡no (gastar)* .... *tanto!*
3. *Si estáis cansados, ¡no (acostarse)* .... *tarde!*
4. *Si no quiere engordar, ¡no (comer)* .... *chocolate!*
5. *Si están resfriados, ¡no (beber)* .... *agua fría!*
6. *Si quieres quedarte en cama, ¡no (levantarse)* .... *!*
7. *Si le molesta, ¡no le (hacer)* .... *caso!*
8. *Si te duele la pierna, ¡no (jugar)* .... *al fútbol!*

25. KAPITEL | FUTUR

A BILDUNG DES FUTUR I

Die Endungen für die Bildung des Futur I (= *futuro imperfecto*) entsprechen denjenigen des Hilfszeitworts ***haber***, das du ja schon vom Perfekt (= *pretérito perfecto*) her kennst, und sind für die regelmäßigen und unregelmäßigen Zeitwörter gleich.

1. Regelmäßige Zeitwörter

Die Zukunft der regelmäßigen Zeitwörter bildest du, indem du an die Nennform die entsprechenden Endungen – mit Akzent! – anhängst:

Infinitiv	*ayudar*	*beber*	*abrir*
yo	*ayudar**é***	*beber**é***	*abrir**é***
tú	*ayudar**ás***	*beber**ás***	*abrir**ás***
él, ella, usted	*ayudar**á***	*beber**á***	*abrir**á***
nosotros, -as	*ayudar**emos***	*beber**emos***	*abrir**emos***
vosotros, -as	*ayudar**éis***	*beber**éis***	*abrir**éis***
ellos, -as, ustedes	*ayudar**án***	*beber**án***	*abrir**án***

2. Unregelmäßige Zeitwörter

Sie haben die gleichen Endungen wie die regelmäßigen Verben, werden aber an einen unregelmäßigen Stamm angehängt:

Infinitiv		Veränderter Stamm	Endungen
haber (Hilfsverb)	haben	***habr-***	+ ***é***
caber	hineinpassen	***cabr-***	***ás***
poder	können	***podr-***	***á***
querer	wollen	***querr-***	***emos***
saber	wissen	***sabr-***	***éis***
poner	stellen	***pondr-***	***án***
tener	haben	***tendr-***	
valer	wert sein	***valdr-***	
venir	herkommen	***vendr-***	
salir	ausgehen	***saldr-***	
decir	sagen	***dir-***	
hacer	machen	***har-***	

A 190

Ergänze die fehlenden Formen des Hilfszeitwortes *haber*:

	Einzahl		Mehrzahl
yo		*nosotros, -as*	*hemos*
tú		*vosotros, -as*	
él/ella/usted	*ha*	*ellos, ellas, ustedes*	

A 191

Wandle jetzt zur Übung ein paar regelmäßige Zeitwörter im *futuro* ab!

hablar	*comer*	*escribir*	*vivir*	*vender*	*subrayar*

A 192

Und wie lauten die Formen dieser unregelmäßigen Verben im *futuro*?

salir	*poder*	*hacer*	*decir*	*venir*	*haber*

A 193

Setze folgende Präsensformen ins *futuro*:

1. *preguntas*
2. *vendo*
3. *escucháis*
4. *comemos*
5. *salgo*
6. *compras*
7. *recibe*
8. *vivimos*
9. *viajáis*
10. *estudio*

A 194

Beantworte folgende Fragen wie im Beispiel:

Modelo: *¿Comprarás el cuadro de Picasso? – Sí, compraré el cuadro.*

1. *¿Tendrás tiempo para hacerlo? – Sí, …*
2. *¿Podréis venir el domingo? – Sí, …*
3. *¿A qué hora saldrá el tren? (ocho) – …*
4. *¿Me dirás lo que sabes? – Sí, …*
5. *¿Cuándo lo haréis? (el lunes) – …*
6. *¿Cabremos todos en este coche? – Sí, …*
7. *¿Sabrás lo que hacer cuando empiece a gritar? – Sí, …*
8. *¿Dónde pondrás el cuadro? (salón) – …*

A 195

Wie lauten diese Sätze in der Zukunft?

1. *Los estudiantes hacen muchas cosas.*
2. *Yo sé lo que quiero.*
3. *Yo no le digo nada.*
4. *Celebramos una fiesta el sábado.*
5. *No puedes hacerlo.*
6. *El cuadro de Picasso cuesta mucho dinero.*

B VERWENDUNG DES FUTUR I

Man verwendet die Zukunft

- zur Beschreibung eines in der Zukunft liegenden Umstandes:

  La semana que viene ***estudiaré*** *español.*
  Nächste Woche werde ich Spanisch lernen.

- zum Ausdruck einer Vermutung:

  ¿La hora? ***Serán*** *las tres.*
  Wie spät es ist? Es wird wohl drei Uhr sein.

- um die Folge einer Handlung auszudrücken:

  Si no estudias los verbos irregulares, ***tendrás*** *problemas.*
  Wenn du die unregelmäßigen Verben nicht lernst, wirst du Schwierigkeiten haben.

Folgende Zeitangaben werden häufig verwendet, um auf Zukünftiges zu verweisen:

esta tarde/noche	heute Abend/Nacht
mañana/pasado mañana	morgen/übermorgen
el fin de semana	am Wochenende
la semana/el mes/el año que viene *la/el próxima/o semana/mes/año*	nächste Woche/nächsten Monat/nächstes Jahr
dentro de quince días	innerhalb von zwei (!) Wochen
luego/después/más tarde	dann/später
¿a qué hora? ¿cuándo?	wann?
en Navidades/en Semana Santa	zu Weihnachten/zu Ostern

Wenn durch eine dieser Zeitangaben eine klare Zeitbestimmung der Zukunft vorliegt, kann eine zukünftige Handlung wie im Deutschen durch das **Präsens** ausgedrückt werden:

La boda ***es*** *el mes que viene.*
Die Hochzeit findet nächsten Monat statt.

In der Umgangssprache wird die Struktur ***ir + a +* Infinitiv** als Umschreibung der Zukunft verwendet, v.a. wenn die Handlung in der nahen Zukunft liegt bzw. eine Absicht zum Ausdruck gebracht werden soll:

El lunes ***voy a comprarme*** *un móvil nuevo.*
Am Montag werde ich mir ein neues Handy kaufen.

B 196 **Ersetze die Struktur *ir + a* + Infinitiv durch die entsprechende Form des Futur I:**

1. *Voy a escuchar mis nuevos discos compactos.*
2. *Los chicos van a jugar al ajedrez.*
3. *Carmen no va a hacer nada esta noche.*
4. *Mis hijas van a salir a bailar.*
5. *Primero vas a tomar una copa.*
6. *Mañana vamos a probar un nuevo restaurante.*
7. *¿Vais a dar una vuelta?*
8. *Esta tarde van a ver en la tele un programa muy bueno.*

B 197 **Ergänze die folgende Zeitungsnotiz mit den passenden Verben:**

dará presentará vendrán habrá asistirá
venderán podrá iluminará recibirá contestará
cantará representarán tendrán sorteará

Valencia. *El mes que viene la famosa cantante Ana Pla* (1) .... *su nuevo CD en la Plaza de Toros. La estrella de la música española* (2) .... *todas sus canciones que de momento están en la lista de éxitos musicales. Antes del concierto el público* (3) .... *disfrutar de un espectáculo callejero organizado por el ayuntamiento.* (4) .... *los actores del grupo de teatro "Els Joglars" y* (5) .... *un show de fuego que* (6) .... *las calles de la ciudad:* (7) .... *unos fuegos artificiales. Por la tarde, antes del concierto, el señor alcalde* (8) .... *a Ana Pla en la Plaza Mayor porque la cantante* (9) .... *también a las fiestas municipales que* (10) .... *lugar el 10 de mayo. En una rueda de prensa Ana Pla* (11) .... *a todas las preguntas de sus fans y les* (12) .... *autógrafos. Además se* (13) .... *camisetas y otros recuerdos. Después del concierto se* (14) .... *un viaje a Íbiza, la isla natal de Ana.*

B 198 **Eine Wahrsagerin hat Ana Pla nur Gutes prophezeit. Setze die Verben im Futur ein:**

El año que viene Ana

1. *(tener)* .... *mucho éxito,*
2. *(mudarse)* .... *a Nueva York,*
3. *(casarse)* .... *con un actor,*
4. *(viajar)* .... *a México,*
5. *(ganar)* .... *bastante dinero,*
6. *(sacar)* .... *otro CD.*

C BILDUNG DES FUTUR II

Die Vorzukunft (= Futur II) oder span. ***futuro perfecto*** bzw. ***compuesto*** bildest du mit dem Futur I des Hilfszeitwortes ***haber*** **+ Partizip Perfekt** des Vollverbs, das auch hier wie beim Indikativ des Perfekt (= *pretérito perfecto*) unveränderlich ist:

	Futur I von *haber*	Partizip Perfekt
yo	***habré***	***ayudado*** ***bebido*** ***abierto***
tú	***habrás***	
él, ella, usted	***habrá***	
nosotros, -as	***habremos***	
vosotros, -as	***habréis***	
ellos, -as, ustedes	***habrán***	

D VERWENDUNG DES FUTUR II

Das Futur II kann verwendet werden

- um Zukünftiges ausdrücken, also etwas, das man sich zu einem bestimmten Zeitpunkt als abgeschlossen vorstellt, wenn eine zukünftige Handlung einsetzt. Dabei schwingt aber immer ein Moment der Unsicherheit mit:

  Cuando vuelvas, ***habré solucionado*** *el problema.*
  Wenn du zurückkommst, werde ich (wohl) das Problem gelöst haben.

- zur Kennzeichnung eines vergangenen Geschehens, das vermutet wird:

  ¿Por qué no han vuelto todavía? – ***Habrán perdido*** *el tren.*
  Warum sind sie noch nicht zurückgekommen? – Sie werden den Zug versäumt haben.

C 199 **Ergänze das Schema mit den entsprechenden Formen des Präsens, Futur I und Futur II:**

Präsens	Futur I	Futur II
		habrá dormido
	tendré	
ponemos		
		habrán salido
decís		
	escribirás	

C 200 **Bilde jeweils die 2. Person Einzahl und Mehrzahl (*tú* und *vosotros*) des Futur II der folgenden Verben:**

Modelo: *saber* ▶ *habrás sabido / habréis sabido*

1. *descubrir*
2. *hacer*
3. *tomar*
4. *romper*
5. *escribir*
6. *resolver*
7. *querer*
8. *leer*
9. *llorar*

D 201 **Beantworte die Fragen, indem du das Futur II verwendest:**

Modelo: *¿Cuánta gente ha venido?* ▶ *Habrán venido unas 20 personas.*

1. *¿Cuánto le ha costado el billete de avión? (unos 20 euros)*
2. *¿Sabes lo que han pagado por su piso nuevo? (unos 200.000 euros)*
3. *¿Dónde han estado sus amigos? (en el cine)*
4. *¿Quién ha sido el culpable? (el señor de las gafas)*
5. *¿Qué vestido se ha puesto para la boda? (el vestido blanco)*

D 202 **Ergänze die Verben im Futur II:**

1. *Cuando lleguemos, ya (terminar, ellos)* .... *de comer.*
2. *Para cuando empiece a llover, ya (llegar, nosotros)* .... *a casa.*
3. *Seguramente cuando recibas mi postal, ya (regresar, yo)* .... *a España.*
4. *Estoy convencido de que para el próximo curso (estudiar, ellos)* .... *los verbos irregulares.*
5. *No dudo de que dentro de cincuenta años el número de acceso a la red (duplicarse)* ....
6. *Asegura que para final de año (ganar, él)* .... *bastante dinero para montar un negocio propio.*

26. KAPITEL KONDITIONAL

Die **Bedingungsform** oder ***el condicional*** bildet man wie das Futur I durch Anhängen der Konditionalendungen an den Infinitiv des Verbs. Die Endungen gelten für alle Verben, auch für die unregelmäßigen. Man unterscheidet Konditional I (= *condicional simple*) für die Gegenwart und Konditional II (= *condicional compuesto*) für die Vergangenheit.

A BILDUNG DER REGELMÄSSIGEN VERBEN DES *CONDICIONAL SIMPLE*

Infinitiv	*ayudar*	*beber*	*abrir*
yo	*ayudar**ía***	*beber**ía***	*abrir**ía***
tú	*ayudar**ías***	*beber**ías***	*abrir**ías***
él, ella, usted	*ayudar**ía***	*beber**ía***	*abrir**ía***
nosotros, -as	*ayudar**íamos***	*beber**íamos***	*abrir**íamos***
vosotros, -as	*ayudar**íais***	*beber**íais***	*abrir**íais***
ellos, -as, ustedes	*ayudar**ían***	*beber**ían***	*abrir**ían***

B BILDUNG DER UNREGELMÄSSIGEN VERBEN DES *CONDICIONAL SIMPLE*

An den **Wortstamm des Futur** werden die regelmäßigen Endungen angehängt:

Infinitiv	Veränderter Stamm	Endungen
haber	***habr-***	+ *ía, ías, ía, íamos, íais, ían*
poder	***podr-***	
querer	***querr-***	
saber	***sabr-***	
caber	***cabr-***	
poner	***pondr-***	
tener	***tendr-***	
venir	***vendr-***	
salir	***saldr-***	
valer	***valdr-***	
decir	***dir-***	
hacer	***har-***	

A 203

Ergänze das Schema mit den Formen des Konditional I:

yo	*tú*	*él, ella usted*	*nosotros nosotras*	*vosotros vosotras*	*ellos, -as ustedes*
viviría					
	hablarías				
		vendería			
			daríamos		
				comeríais	
					escribirían

B 204

Ersetze die unterstrichenen Zeitwörter durch die Konditionalform:

1. ⊙ *¡Hola, buenos días! ¿Me puede ayudar?*
   ● *Sí, claro. ¿Qué desea?*
2. ⊙ *Quiero unos pantalones elegantes.*
   ● *A ver, tenemos éstos negros.*
3. ⊙ *¿Tiene también otros colores?*
   ● *Claro. ¿Qué le parecen unos rojos?*
4. ⊙ *Me gustan. ¿Es posible conseguir un descuento?*
   ● *Lo siento, señor. De momento no.*

A B 205

Konjugiere die folgenden Verben im Konditional und setze sie in die entsprechenden Kästchen ein, sodass sie das Wort *condicional* ergeben:

venir (ellos)	*salir (ellas)*	*hacer (ustedes)*
volver (tú)	*poner (tú)*	*aprender (él)*
decir (vosotras)	*tener (usted)*	*caber (nosotros)*
escribir (yo)	*escuchar (yo)*	

C VERWENDUNG DES *CONDICIONAL SIMPLE*

Den ***condicional simple*** verwendest du

- um höfliche Bitten und Fragen auszudrücken:

  *¿Me **podría** ayudar?*
  Könnten Sie mir helfen?

- um Ratschläge zu geben:

  *Yo en tu lugar me **compraría** un móvil.*
  Ich an deiner Stelle würde mir ein Handy kaufen.

- um auszudrücken, was man tun würde:

  *¿Qué **harías** en esta situación? – Me callaría.*
  Was würdest du in dieser Situation machen? – Ich würde schweigen.

- im irrealen Bedingungssatz (vgl. Seite 128):

  *Si no hiciera mal tiempo, **iría** a la playa.*
  Wenn kein schlechtes Wetter wäre, würde ich an den Strand fahren.

- für die indirekte Rede (vgl. Seite 130):

  *"Te ayudaré." – Dijo que me **ayudaría**.*
  „Ich werde dir helfen." – Er sagte, er würde mir helfen.

D BILDUNG DES *CONDICIONAL COMPUESTO*

Den **Konditional II** bildest du mit dem Konditional I des Hilfsverbs ***haber*** und dem **Partizip Perfekt** des Vollverbs:

	Konditional I von *haber*	Partizip Perfekt
yo	***habría***	
tú	***habrías***	
él, ella, usted	***habría***	***ayudado*** ***bebido*** ***abierto***
nosotros, -as	***habríamos***	
vosotros, -as	***habríais***	
ellos, -as, ustedes	***habrían***	

Den Konditional II verwendet man im **irrealen Bedingungssatz der Vergangenheit** (vgl. Seite 128).

*Si hubieras estudiado más, **habrías aprobado** el examen.*
Wenn du mehr gelernt hättest, hättest du die Prüfung bestanden.

C
206

Übersetze:

1. Könnten Sie mir sagen, wie viel der Pullover kostet? 2. Ich wäre gerne unsichtbar, denn so könnte ich viele Dinge sehen. 3. Auf eine einsame Insel würde ich viele Bücher mitnehmen. 4. Ich an deiner Stelle würde mir ein Wörterbuch kaufen und spanische Filme ansehen. 5. Was würdest du mit einer Million Euro machen? 6. Du müsstest mehr für die Prüfung lernen. 7. Ich möchte ein Ticket für den Zug nach Madrid. 8. Würde es dir etwas ausmachen, uns einen Moment alleine zu lassen?

C
207

Jemand möchte sein Spanisch verbessern. Was würdest du ihm empfehlen? Formuliere die Ratschläge:

Modelo: *hacer un curso de español* ▶ *Haría un curso de español.*

1. *pasar las vacaciones en España,* 2. *comprar periódicos en español,* 3. *ir al cine para ver películas españolas en versión original,* 4. *buscar un amigo por correspondencia,* 5. *inscribirme en la biblioteca del Instituto Cervantes,* 6. *leer novelas españolas,* 7. *repasar el vocabulario y la gramática,* 8. *tener mucha paciencia*

D
208

Wie lautet die entsprechende Form im Konditional II? Ergänze die Tabelle:

Konditional I	Konditional II
1. *estaría (él)*	
2. *seríamos*	
3. *escribiríais*	
4. *pondrías*	
5. *harían*	
6. *querría (yo)*	

D
209

Stell dir vor, du hättest in den 70er Jahren gelebt. Was hättest du als Hippie gemacht?

1. *tocar la guitarra,* 2. *llevar el pelo largo,* 3. *participar en manifestaciones contra la guerra,* 4. *viajar a San Francisco,* 5. *ponerme flores en el pelo,* 6. *actuar en la película "Hair",* 7. *escribir mi biografía,* 8. *grabar un disco,* 9. *tener muchos/as novios/as,* 10. *fumar mucho,* 11. *organizar fiestas,* 12. *no trabajar.*

27. KAPITEL BEDINGUNGSSÄTZE

Die Bedingungssätze oder ***oraciones condicionales*** – du kennst sie auch als **„*si*-Sätze"** – werden mit dem Bindewort ***si*** (= wenn, falls) eingeleitet und bestehen immer aus zwei Teilen:

Nebensatz (= *si*-Satz)	Hauptsatz
Bedingung	**Folge**
Si terminamos a tiempo, Wenn wir rechtzeitig fertig werden,	***podemos ir al cine.*** können wir ins Kino gehen.

Die Reihenfolge von Haupt- und Nebensatz lässt sich umdrehen, ohne dass sich der Sinn des Ganzen verändert, allerdings fällt dann das Komma weg:
Podemos ir al cine si terminamos a tiempo.

Es gibt zwei Stufen von Bedingungen (**wahrscheinlich, unwahrscheinlich**), die durch eine **ganz bestimmte Zeitenfolge** gekennzeichnet sind.

A REALER BEDINGUNGSSATZ

Für eine Bedingung, die in der Gegenwart oder Zukunft **wahrscheinlich** ist, verwendest du im Bedingungssatz (= *si*-Satz) den **Indikativ Präsens**, im Hauptsatz den **Indikativ Präsens**, die **Zukunft** oder die **Befehlsform**:

si-Satz	Hauptsatz
presente de indicativo	***presente de indicativo, futuro, imperativo***
Si Ana llama, Wenn Ana anruft,	***se lo decimos.*** sagen wir es ihr.
	se lo diremos. werden wir es ihr sagen.
	díselo. sag es ihr.

Für eine Bedingung, die in der Vergangenheit erfüllt wurde, steht im *si*-Satz das **Perfekt**, im Hauptsatz kann das Zeitwort im **Indikativ Präsens**, in der **Zukunft** oder in der **Befehlsform** stehen:

si-Satz	Hauptsatz	
Si Ana ha llamado, Wenn Ana angerufen hat,	***me lo dices.***	(… sagst du es mir.)
	me lo dirás.	(… wirst du es mir sagen.)
	dímelo.	(… sag es mir.)

A 210

Setze die Kette fort:

Si estudias mucho, no tendrás problemas con el español. Si no tienes problemas con el español, (poder) .... (1) *viajar a España. Si* .... (2) *a España, (conocer)* .... (3) *a mucha gente simpática. Si* .... (4) *a mucha gente simpática, no (quedarse)* .... (5) *solo/-a. Si no* .... (6) *solo/-a, (vivir)* .... (7) *una vida muy interesante. Si* .... (8) *una vida muy interesante, (sentirse)* .... (9) *muy bien. Si* .... (10) *muy bien, no (ponerse)* .... (11) *enfermo/-a. Si no* .... (12) *enfermo/-a, (estudiar)* .... (13) *mucho.*

A 211

Verbinde die folgenden Sätze:

1. *Si no trabajas mucho,*
2. *Si no quieres hacer lo que dicen tus padres,*
3. *Si tienes coche,*
4. *Si no estudias suficiente para el examen,*
5. *Si quieres dormir mejor,*
6. *Si te compras un ordenador,*

a. *da un paseo antes de acostarte.*
b. *podrás navegar en Internet.*
c. *tu padre no tendrá que conducir.*
d. *lo suspenderás.*
e. *te echarán.*
f. *no lo hagas.*

A 212

Übersetze:

1. Wenn es regnet, fahren wir nicht an den Strand.
2. Benachrichtige mich, falls er sich verspätet hat.
3. Wenn Sie abnehmen wollen, werden Sie Sport betreiben müssen.
4. Wenn du willst, können wir über das Problem sprechen.
5. Wenn ich im Lotto gewinne, werde ich mir ein eigenes Auto kaufen.

B IRREALER BEDINGUNGSSATZ

Wird eine Bedingung als **irreal** oder **unwahrscheinlich** angesehen, verwendet man im *si*-Satz den **Subjuntivo Imperfekt**, im Hauptsatz den **Konditional I**:

si-Satz	Hauptsatz
imperfecto de subjuntivo	***condicional simple***
Si me llamaras, Wenn du mich anrufen würdest,	***te ayudaría*** würde ich dir helfen.

C IRREALER BEDINGUNGSSATZ IN DER VERGANGENHEIT

Wird eine Bedingung in der **Vergangenheit** als **irreal** oder **unwahrscheinlich** angesehen, d.h., die Bedingung kann nicht mehr erfüllt werden und die Folge tritt ebenso nicht mehr ein, steht im *si*-Satz der **Subjuntivo Plusquamperfekt** und im Hauptsatz der **Konditional II**:

si-Satz	Hauptsatz
pluscuamperfecto de subjuntivo	***condicional compuesto***
Si me hubieras llamado, Wenn du mich angerufen hättest,	***te habría ayudado.*** hätte ich dir geholfen.

! In der **Umgangssprache** wird im Hauptsatz statt **Konditional II** häufig **Subjuntivo Plusquamperfekt** verwendet:
*Si me hubieras llamado, **te hubiera ayudado**.*

D BEDINGUNGSSÄTZE IM ÜBERBLICK

si-Satz	Hauptsatz	Bedingung
*Si **tengo** dinero,* INDIKATIV PRÄSENS	***voy/iré** de vacaciones.* INDIKATIV PRÄSENS, FUTUR, IMPERATIV	► wahrscheinlich
*Si **tuviera** dinero,* SUBJUNTIVO IMPERFEKT	***iría** de vacaciones.* KONDITIONAL I	► unwahrscheinlich
*Si **hubiera tenido** dinero,* SUBJUNTIVO PLUSQUAMPERFEKT	***habría ido** de vacaciones.* KONDITIONAL II	► nicht erfüllbar

! Im ***si*-Satz** verwendet man <u>NIEMALS</u> **Subjuntivo Präsens**, **Subjuntivo Perfekt**, **Futur** oder **Konditional**!

B **213**

Ergänze die entsprechenden Zeitwortformen:

1. *Si me (esperar, tú) .... , iría contigo.*
2. *Si (llegar, ustedes) .... a tiempo, no tendrían problemas.*
3. *(Viajar, nosotros) .... en avión si tuviéramos más dinero.*
4. *Si te (escribir, él) .... todos los días, no podría hacer otra cosa.*
5. *Si (comprar, tú) .... un coche, viajarías más cómodo.*
6. *Aprenderíais español muy rápido si (estudiar, vosotros) .... más.*
7. *(Ir, yo) .... contigo si fueras el domingo al museo.*

C **214**

Hier handelt es sich um irreale Bedingungssätze in der Vergangenheit. Wie lauten die entsprechenden Verbformen?

1. *Todo (salir) .... mejor si ella (organizar) .... el viaje.*
2. *Mis amigos (venir) .... a Austria a vernos si (tener) .... más días de vacaciones.*
3. *Si lo (saber, yo) .... , te lo (decir, yo) ....*
4. *Si (estar, yo) .... en tu lugar, (hacer, yo) .... lo mismo que tú.*

D **215**

Wähle die Verbform! Die Buchstaben hinter den richtigen Formen ergeben aneinandergereiht eine Stadt im Süden Spaniens.

1. *Si … llegado a las cinco, lo habrías visto.*

   había (T), hubieras (G), habrías (C), hubierais (A)
2. *Si … una promesa, siempre la cumplo.*

   hago (R), hacía (O), hiciera (H), haga (D)
3. *Aceptaremos sus peticiones si nos … buenos argumentos.*

   dé (R), da (A), daría (O), dio (L)
4. *Le llevaremos el encargo si … tiempo.*

   tenemos (N), tendríamos (T), tuviéramos (U), tuvimos (D)
5. *Si … más temprano, habría ido.*

   habría sido (F), fuera (B), era (E), hubiera sido (A)
6. *Ven a verme si … antes del trabajo.*

   sales (D), salgas (T), sal (A), saliste (E)
7. *Si … menos, adelgazarías.*

   comieras (A), comías (E), comiste (L), comas (D)

Lösungswort: ___ ___ ___ ___ ___ ___ ___

28. KAPITEL | INDIREKTE REDE

Nicht immer werden die Aussagen eines anderen wörtlich („direkte Rede“) wiedergegeben, sondern in indirekter Rede. Im Deutschen können wir zum Beispiel für die Wiedergabe der Aussage „Ich bin aus Madrid“ zwischen drei grammatischen Möglichkeiten wählen:

Er sagt(e), dass er aus Madrid ist. ► **Indikativ**
Er sagt(e), dass er aus Madrid sei. ► **Konjunktiv I**
Er sagt(e), dass er aus Madrid wäre. ► **Konjunktiv II**
bzw. **Er sagt(e), er ist/sei/wäre aus Madrid.**

▼ **Hauptsatz** ▼ **Nebensatz**

In privaten Gesprächen wird meist der Indikativ benutzt, für offizielle Texte sind der Konjunktiv I bzw. II die korrekte Form.

Im Spanischen hingegen verwendet man in der indirekten Rede immer den **Indikativ**. Die einzige Ausnahme ist der indirekte **Befehl**. Entscheidend bei der Bildung der indirekten Rede ist hier die Zeit des Verbs im Hauptsatz.

A HAUPTSATZ IN EINER ZEIT DER GEGENWART

Stehen im Hauptsatz der indirekten Rede ***presente, pretérito perfecto, futuro* oder *condicional simple***, ändert sich die Zeit des ursprünglichen Satzes („direkte Rede“) im Nebensatz nicht:

	Direkte Rede *Ana dice:*	Indirekte Rede *Ana dice/ha dicho/dirá/diría*
Einfache Zeiten	*"Yo **veo** la tele."* *"Yo **veía** la tele."* *"Yo **vi** la tele."* *"Yo **veré** la tele."* *"Yo **vería** la tele."*	***que** ve la tele.* ***que** veía la tele.* ***que** vio la tele.* ***que** verá la tele.* ***que** vería la tele.*
Zusammengesetzte Zeiten	*"Yo **he visto** la tele."* *"Yo **había visto** la tele."* *"Yo **habré visto** la tele."* *"Yo **habría visto** la tele."*	***que** ha visto la tele.* ***que** había visto la tele.* ***que** habrá visto la tele.* ***que** habría visto la tele.*

Abweichend vom Deutschen wird der Nebensatz immer mit ***que*** (dass) eingeleitet. Werden mehrere Aussagen wiedergegeben, muss ***que*** wiederholt werden:

"Veo las noticias. Son interesantes." ►
***Dice que** ve las noticias y **que** son interesantes.*

A 216

Verwandle folgende Aussagen in die indirekte Rede. Verwende als einleitende Zeitwörter *dice* oder *ha dicho*:

1. *"Ayer fui al cine."*

....

2. *"Estoy leyendo una novela policíaca."*

....

3. *"El otro día comí demasiado."*

....

4. *"Los niños han roto el cristal de la ventana."*

....

5. *"El avión llega con retraso."*

....

6. *"Mañana iremos a un concierto de rock."*

....

7. *"Habremos terminado las tareas para las diez."*

....

8. *"El año pasado hicimos un viaje por España."*

....

9. *"Tengo mucha sed."*

....

10. *"Cantaríamos una canción cubana."*

....

A 217

Wie lauten diese Sätze in der direkten Rede?

1. *Ha dicho que tiene hambre.*

....

2. *Dicen que ayer no vinieron tarde.*

....

3. *Dirá que el perro rompió el florero.*

....

4. *Diría que ya lo sabía.*

....

5. *Dice que había demasiada gente.*

....

6. *Ha dicho que ha visto una película muy buena.*

....

7. *Dice que hoy ha comprado un móvil nuevo.*

....

8. *Dicen que mañana irán al cine.*

....

9. *Han dicho que habrán terminado para las diez.*

....

10. *Dicen que el domingo pasado fueron a los toros.*

....

B HAUPTSATZ IN EINER ZEIT DER VERGANGENHEIT

Wird der Hauptsatz mit einem Zeitwort im ***indefinido, imperfecto*** oder ***pluscuamperfecto*** eingeleitet, kommt es zu einer Verschiebung der Zeiten: In der indirekten Rede werden dann andere Zeitstufen als in der direkten verwendet. Dabei geht man folgendermaßen vor:

Direkte Rede		Indirekte Rede
presente	▶	***imperfecto***
pretérito perfecto	▶	***pluscuamperfecto***
indefinido	▶	***indefinido, pluscuamperfecto***
futuro	▶	***condicional simple***
futuro compuesto	▶	***condicional compuesto***

Carlos dijo:	*Carlos dijo/decía/había dicho*
"Compro el periódico."	***que compraba*** *el periódico.*
"He comprado el periódico."	***que había comprado*** *el periódico.*
"Compré el periódico."	***que compró/había comprado*** *el periódico.*
"Compraré el periódico."	***que compraría*** *el periódico.*
"Habré comprado el periódico."	***que habría comprado*** *el periódico.*

Imperfecto, pluscuamperfecto und *condicional,* die in der direkten Rede vorkommen, verändern sich in der indirekten nicht.

C INDIREKTE BEFEHLE

Befehle, Bitten und Verbote müssen im Spanischen in der indirekten Rede durch den Subjuntivo wiedergegeben werden:

Direkte Rede	Indirekte Rede
La madre dice: *"¡**Haz** la cama!"* „Mach das Bett!"	*Le **dice** que **haga** la cama.* *Le **dijo** que **hiciera** la cama.* Sie sagt(e) ihm, er solle das Bett machen.

- Im Unterschied zum Deutschen darf ***que*** (dass) nicht weggelassen werden. Der Subjuntivo in der direkten Rede bleibt im Nebensatz der indirekten Rede erhalten:

  *El profesor nos dice: "Es importante que **estudiéis** más."*
  *El profesor nos dice **que** es importante que **estudiemos** más.*

- Steht im Hauptsatz ein Zeitwort der Vergangenheit, wird zB aus dem *presente de subjuntivo* der *imperfecto de subjuntivo*:

  *"Quiero que **estudies**."* ▶ *Me dijo que quería que **estudiara**.*

B
218

Übertrage die folgenden Sätze in die indirekte Rede. Verwende *dijo* als einleitendes Zeitwort!

1. *"Los niños rompieron el espejo."*

   ....

2. *"El domingo iremos al Museo del Prado."*

   ....

3. *"Habíamos escuchado la última noticia."*

   ....

4. *"Me llamo Pedro."*

   ....

5. *"Yo te acompañaría con mucho gusto."*

   ....

6. *"Habría terminado de leer el libro."*

   ....

7. *"No lo hemos hecho todavía."*

   ....

8. *"Tengo mucha hambre."*

   ....

C
219

Übertrage die Befehle in die indirekte Rede. Achte auf die Zeitenfolge!

1. *"¡Lee el libro!" – Le dice que ...*
2. *"¡Pasen!" – Les dijo que ...*
3. *"¡Hable más despacio, por favor!" – Le pidió que ...*
4. *"¡Llama a Carlos!" – Le dice que ...*
5. *"¡No veáis la tele!" – Les prohibe que ...*
6. *"¡Haced más ejercicios!" – Les recomendó que ...*
7. *"¡Prueba la tarta!" – Le pide que ...*
8. *"¡Come todo!" – Le dice que ...*
9. *"¡Búscalo!" – Le pide que ...*
10. *"¡Ten cuidado!" – Le pidió que ...*

C
220

Ordne folgende Zeitwörter den entsprechenden Äußerungen zu und gib diese in der indirekten Rede wieder:

pedir (2x)	*prohibir (2x)*	*recomendar*	*proponer*

1. *María grita: "¡No salgáis a la calle!"*
2. *El padre dijo a Carlos: "¡Compra el periódico!"*
3. *Juan ha dicho a sus amigos: "¡Mirad las fotos!"*
4. *La madre dice a su hija: "¡Di la verdad!"*
5. *La profesora dice a sus alumnos: "¡No escribáis en la pared!"*
6. *El profesor dijo a los estudiantes: "¡Repasen bien los verbos!"*

D INDIREKTE FRAGEN

Die indirekte Frage funktioniert wie die indirekte Rede. Entscheidend bei ihrer Bildung ist allein die Art der Frage. Es gilt darauf zu achten, ob es sich um eine **Entscheidungs-** oder eine **Ergänzungsfrage** handelt:

Entscheidungsfragen Antwort: JA oder NEIN	**Ergänzungsfragen** Antwort: ein Satzglied (Ort, Zeit etc.)
"¿Vais a la fiesta?" *"¿Te gusta el fútbol?"* *"¿Has comprado la chaqueta?"* *"¿Quieres hacerlo?"*	*"¿**De dónde** eres?"* *"¿**Cómo** funciona eso?"* *"¿**Quiénes** son?"* *"¿**Qué** quieres?"*
Indirekte Entscheidungsfragen werden mit ***si*** (ob) eingeleitet.	**Indirekte Ergänzungsfragen** werden mit demselben Fragewort eingeleitet wie die direkten Fragen.
Paco quería saber ... ***si** íbamos a la fiesta.* ***si** me gustaba el fútbol.* ***si** había comprado la chaqueta.* ***si** quería hacerlo.*	*Paco quería saber ...* ***de dónde** era.* ***cómo** funcionaba.* ***quiénes** eran.* ***qué*** (oder ***lo que***) *quería.*

Soll eine direkte Frage wiedergegeben werden, sind somit folgende Veränderungen zu beachten:

- Entsprechend der indirekten Rede ändern sich die Zeitstufen, die Fürwörter und die Orts- und Zeitangaben.
- Die indirekte Entscheidungsfrage wird mit Verben des Fragens (*preguntar, querer, saber,* etc.) und *si* (ob) eingeleitet.
- Wird die direkte Frage mit einem Fragewort (*cuándo, dónde, qué,* etc.) eingeleitet, bleibt dieses Fragewort auch in der indirekten Ergänzungsfrage erhalten.

E WICHTIGE VERBEN DER REDEANKÜNDIGUNG

afirmar	**behaupten**	***negar****	**verneinen**
asegurar	**versichern**	***pedir****	**bitten**
comentar	**erläutern**	***preguntar***	**fragen**
confirmar	**bestätigen**	***prometer***	**versprechen**
contar	**erzählen**	***proponer****	**vorschlagen**
decir	**sagen**	***rechazar****	**ablehnen**
insistir (en)	**bestehen (auf)**	***recordar***	**erinnern (an)**
manifestar	**erklären, zeigen**	***señalar***	**hinweisen (auf)**

* Achtung: Nach diesen Verben steht immer der Subjuntivo!

D
221

Bilde die indirekte Frage aus den folgenden Sätzen. Achte dabei darauf, ob eine Entscheidungsfrage oder eine Ergänzungsfrage vorliegt und ob das einleitende Verb im Hauptsatz in einer Zeit der Gegenwart oder der Vergangenheit steht.

1. *(Antonio preguntó) "¿Dónde está la parada de autobuses?"*
2. *(Nuria quería saber) "¿Ya ha llegado el tren?"*
3. *(Blanca pregunta) "¿A qué hora saldréis mañana?"*
4. *(Juan quiere saber) "¿Estáis contentos con vuestro profe?"*
5. *(Paloma quería saber) "¿Cuál es el camino más corto a la escuela?"*
6. *(Carlos preguntó) "¿Cuánto cuesta un billete de diez viajes?"*
7. *(Nuria quiere saber) "¿Ya has terminado tus ejercicios?"*
8. *(Pedro quería saber): „¿Dónde están las llaves del coche?"*

D
222

Rekonstruiere die direkte Frage:

1. *Juan me preguntó si yo saldría con Nuria al día siguiente.*
2. *Quieren saber de dónde somos.*
3. *Me preguntaron qué me parecía a mí.*
4. *Me han preguntado si recuerdo a aquella señora rubia.*
5. *Tu amigo dice que le lleves sus libros.*
6. *Mi padre quería saber por fin cuándo tenía tiempo para estudiar la gramática.*
7. *Paloma preguntó si podíamos visitarla el sábado.*
8. *Los tíos quieren saber cuándo celebramos las bodas de plata de nuestros padres.*

E
223

Wie würdest du diese Aussagen, die deine Freunde machen, wiedergeben? Entscheide dich für eines der Verben in der Klammer und übertrage die direkte in die indirekte Rede!

1. *Nuria: "Mira, mañana te devuelvo el CD-Rom, te lo prometo."* ***(proponer – señalar – asegurar)***
2. *Alberto: "¿Quieres venir con nosotros a pasar un fin de semana en el campo?"* (***comentar – proponer – pedir***)
3. *Paloma: "Oye, no te olvides de que la fiesta de cumpleaños es el sábado y tenemos que comprarle el regalo a Nuria."* (***recordar – negar – rechazar***)
4. *Carlos: "¡Yo no he roto tu móvil! Eso es mentira."* (***manifestar – negar – pedir***)
5. *Blanca: "Te lo he dicho ya muchas veces, lo sé, pero por última vez: ¿por qué no te vienes con nosotros al campo?"* (***proponer – insistir – recordar***)
6. *Alberto: "No ha sido Carlos. He sido yo el que ha roto tu móvil."* (***rechazar – afirmar – pedir***)

29. KAPITEL | PASSIV

A BILDUNG

Das Passiv („Leideform") oder spanisch ***voz pasiva*** bildet man mit dem Zeitwort ***ser***, das in den verschiedenen Zeiten stehen kann, **und** dem **Partizip Perfekt**. Anders als bei den zusammengesetzten Zeiten (Perfekt, Plusquamperfekt etc.) muss es aber in **Geschlecht** und **Zahl mit dem Subjekt übereingestimmt** werden. Den **Urheber der Handlung** gibst du mit dem Fürwort ***por*** (von, durch) an.
Möchtest du zB den Aktivsatz ***Las chicas organizan la fiesta*** (Die Mädchen organisieren die Party) ins Passiv setzen, musst du Folgendes beachten:

Las chicas Subjekt	***organizan*** Zeitwort im Präsens	***la fiesta.*** direktes Objekt
La fiesta Passivsubjekt	***es organizada*** Zeitwort im Präsens	***por las chicas*** Urheber

- Das **Objekt des Aktivsatzes** wird zum **Subjekt des Passivsatzes**,
- das **Subjekt** zum **Urheber**.
- Das **Zeitwort** steht in derselben Zeit wie im Aktivsatz,
- das **Partizip Perfekt** wird mit dem Subjekt des Passivsatzes übereingestimmt.

! Das Passiv verwendet man nur für Zeitwörter, die ein direktes Objekt (= Objekt im 4. Fall) bei sich haben!

B GEBRAUCH

Anders als im Deutschen wird das Passiv in der spanischen Umgangssprache kaum verwendet, sondern eher seine Ersatzformen. In Zeitungen ist es jedoch häufig zu finden. Wie im Deutschen unterscheidet man dabei Vorgangs- und Zustandspassiv:

Vorgangspassiv	Zustandspassiv
La puerta ***es cerrada*** *por el conserje.* Die Tür **wird** vom Hausmeister **geschlossen**. ▶ **Vorgang** wird ausgedrückt	*La puerta* ***está cerrada****.* Die Tür **ist geschlossen**. ▶ **Zustand** wird ausgedrückt

A 224

Verwandle folgende Aktivsätze ins Passiv:

1. *Los romanos fundaron la ciudad en el siglo II después de Cristo.*
2. *Antonio Gaudí construyó la Casa Milá en Barcelona a principios del siglo XX.*
3. *El perro mordió al señor en el Parque del Retiro.*
4. *El camarero servirá la comida en el salón.*
5. *El terremoto destruyó muchos pueblos en México.*
6. *El médico examina al niño detenidamente.*
7. *La escuela organizará una gran fiesta.*
8. *Los españoles conquistaron el imperio incaico en el siglo XVI.*
9. *Los Reyes Católicos expulsaron a los judíos en 1492.*
10. *El huracán devastó totalmente el país.*

A 225

Bilde das Passiv dieses Satzes in den verschiedenen Zeiten!
El presidente del gobierno recibe a la delegación extranjera.

1. *Presente:* ....

....
2. *Pretérito perfecto:* ....

....
3. *Indefinido:* ....

....
4. *Imperfecto:* ....

....
5. *Pluscuamperfecto:* ....

....
6. *Futuro:* ....

....
7. *Presente de subjuntivo: Es necesario que* ....

....
8. *Imperfecto de subjuntivo: Era necesario que* ....

....
9. *Condicional simple:* ....

....
10. *Condicional compuesto:* ....

....

B 226

Bilde von folgenden Sätzen das Zustandspassiv:

Modelo: *Carmen escribe una carta.* ▶ *La carta está escrita.*

1. *Mi hermano arregla el televisor.* 2. *El cocinero prepara una buena comida.* 3. *Mi madre abre la ventana.* 4. *Los niños rompen el florero.* 5. *Estos hombres hacen el trabajo.* 6. *Carlos pone la mesa.*

C ERSATZFORMEN

Das Passiv kann durch folgende Konstruktionen ersetzt werden:

1. durch die Aktivform

Passivsatz:

*América **fue descubierta** por Cristóbal Colón.*
Amerika wurde von Christoph Kolumbus entdeckt.

Aktivsatz:

*Cristóbal Colón **descubrió** América.*
Christoph Kolumbus entdeckte Amerika.

2. durch das unpersönliche *se* + 3. Person des Zeitworts

Diese Struktur ist mit dem deutschen **„man"** vergleichbar:

*Este castillo **se construyó** en el siglo XV.*
Dieses Schloss **baute man** im 15. Jahrhundert.

*Aquí **se hablan** alemán e inglés.*
Hier **spricht man** Deutsch und Englisch.

3. durch die 3. Person Mehrzahl des Zeitworts („man")

***Construyeron** este castillo en el siglo XV.*
Dieses Schloss **baute man** im 15. Jahrhundert.

*En este hotel **hablan** alemán.*
In diesem Hotel **spricht man** Deutsch.

4. durch das Fürwort *uno* („man")

In dieser Ersatzform schließt sich der Sprecher selbst mit ein.

***Uno** no sabe qué hacer en esta situación.*
Man weiß nicht, was man in dieser Situation machen soll.

5. durch das Fürwort *uno* bei reflexiven Zeitwörtern

Bei den rückbezüglichen Zeitwörtern, wo ***se*** bereits in der Aktivform enthalten ist (*levantar**se**, preguntar**se*** etc.), muss ***uno*** hinzugefügt werden.

***Uno se pregunta** si todo esto es necesario.*
Man fragt sich, ob das alles notwendig ist.

C 227

Ersetze die Passivkonstruktion durch die ihr entsprechende Aktivform:

1. *El cristal fue roto por los chicos.*
2. *La leche fue bebida por el gato.*
3. *"Don Quijote" fue escrito por Miguel de Cervantes.*
4. *Esta obra de teatro será vista por los alumnos.*
5. *El trabajo ha sido hecho por las secretarias.*
6. *Este periódico es leído por mucha gente.*
7. *Todos estos poemas fueron escritos por Antonio Machado.*
8. *Estos pantalones serán llevados por Carmen mañana.*

C 228

Wie lauten diese Passivsätze, wenn du die Struktur *se* + 3. Person des Verbs verwendest?

1. *Tenochtitlán, capital del imperio azteca, fue conquistada en 1521.*
2. *El museo ha sido terminado este año.*
3. *Cuatro lenguas son habladas en España.*
4. *La casa fue vendida el año pasado.*
5. *Los impuestos han sido subidos.*
6. *La empresa fue fundada en 1980.*
7. *Serán plantados muchos árboles en la ciudad.*
8. *El piso es limpiado hoy.*
9. *Las casas fueron incendiadas ayer.*
10. *Esta casa ha sido construída este verano.*

C 229

Ersetze in Übung 228 die Passivstruktur durch die 3. Person Mehrzahl des Verbs!

C 230

Verwende für die folgenden deutschen Passivsätze die spanischen Ersatzformen, die du soeben kennen gelernt hast:

1. Das Bild wurde verkauft.
2. Das Geschäft wird um 8 Uhr geschlossen.
3. Über diesen Schauspieler wird viel gesprochen.
4. Dieses Haus wurde in nur fünf Monaten gebaut.
5. Dieses Gemälde würde verkauft, wenn es billiger wäre.
6. Die Grammatik wurde sehr genau erklärt.
7. Dieser Film wurde in Spanien gedreht.
8. Das Theaterstück wird heute Abend aufgeführt.
9. Dieser Politiker wird sehr geachtet.
10. Die bestellten Bücher wurden gestern abgeholt.

30. KAPITEL PERSONALPRONOMEN

A PERSONALPRONOMEN IM ÜBERBLICK

Das **Personalpronomen** oder *pronombre personal* ist ein **Ersatzwort**, meist **für ein Nomen** (= Hauptwort). Hier ein paar Beispiele:

Carlos *trabaja en un bar.*	►	***Él*** *trabaja en un bar.*
Compro ***un ordenador portátil.***	►	***Lo*** *compro.*
*¿**Me** recomienda **esta película**?*	►	*Sí, **se la** recomiendo.*

Das Personalpronomen tritt entweder als **Subjekt** oder als **Objekt** auf.
In diesem „Tempel der Personalpronomen" findest du einen Überblick über alle wesentlichen Formen.

El templo de los pronombres personales

Subjektpronomen	Direktes Objektpronomen	Indirektes Objektpronomen	Reflexivpronomen	Reihenfolge der Pronomen im Satz
yo ich	*me* mich	*me* mir	*me* mich	*me*
tú du	*te* dich	*te* dir	*te* dich	*te*
él, ella er, sie	*lo (le), la* ihn, sie, es	*le* ihm, ihr	*se* sich	*se*
usted Sie	*lo, la* Sie	*le* Ihnen		
nosotros wir (m.)	*nos* uns	*nos* uns	*nos* uns	*nos* } *lo*, *la*, *los*, *las*
nosotras wir (f.)				
vosotros ihr (m.)	*os* euch	*os* euch	*os* euch	*os*
vosotras ihr (f.)				
ellos, -as sie	*los (les), las* sie	*les* ihnen Ihnen	*se* sich	*se*
ustedes Sie	*los, las* Sie			
1. Fall	4. Fall	3. Fall	Rückbezügliche Fürwörter	3. Fall vor dem 4. Fall

A 231 **Ergänze in den drei Tabellen die entsprechenden Personalpronomen:**

	1. Person		
	Einzahl	Mehrzahl	
		Männlich	Weiblich
Nominativ			
Akkusativ			
Dativ			

	2. Person		
	Einzahl	Mehrzahl	
		Männlich	Weiblich
Nominativ			
Akkusativ			
Dativ			

	3. Person			
	Einzahl		Mehrzahl	
	Männl.	Weibl.	Männlich	Weiblich
Nominativ				
Akkusativ				
Dativ				

A 232 **Verbinde die zwei Gruppen von Pronomen:**

1. *yo*
2. *tú*
3. *él, ella, usted*
4. *nosotros, -as*
5. *vosotros, -as*
6. *ellos, ellas, ustedes*

os
me
nos
se
te

A 233 **Formuliere nun selbst eine Regel für den Gebrauch dieser Pronomen. Wähle die richtige Lösung!**

Wenn das Subjekt und das Objekt

❒ 1. dieselbe Person
❒ 2. unterschiedliche Personen

sind, verwendet man als Objekt die Reflexivpronomen

❒ a. *yo, tú, él, ella, usted, nosotros, nosotras, vosotros, vosotras, ellos, ellas, ustedes*
❒ b. *me, te, se, nos, os, se.*

B OBJEKTPRONOMEN IM 4. FALL (= DIREKTES OBJEKTPRONOMEN; WEN ODER WAS?)

Um Wiederholungen zu vermeiden, verwendet man anstelle des vorher genannten **direkten Objektes** (4. Fall) das **direkte Objektpronomen**, das in Geschlecht und Zahl mit diesem übereingestimmt werden muss und vor dem konjugierten Zeitwort steht:

		EINZAHL	
Carmen		*me* **mich**	*lleva a casa.*
¿A ti		*te* **dich**	*lleva también?*
¿Has visto ***a tu amigo****?*	*Sí,*	*lo (le)* **ihn**	*he visto en el bar.*
¿Lees ***el periódico****?*	*Sí,*	*lo* **sie**	*leo todos los días.*
¿Carlos besó ***a su madre****?*	*Sí,*	*la* **sie**	*besó.*
¿Van a comprar ***esta casa****?*	*Sí,*	*la* **es**	*van a comprar.*
¿Usted ***me*** *invita a una copa?*	*Sí,*	*lo (le), la* **Sie**	*invito.*

		MEHRZAHL	
Carmen		*nos* **uns**	*lleva a casa.*
¿A vosotros		*os* **euch**	*lleva también?*
¿Has visto ***a tus amigo****?*	*Sí,*	*los (les)* **sie**	*he visto en el bar.*
¿Lees ***los periódicos****?*	*Sí,*	*los* **sie**	*leo todos los días.*
¿Carlos besó ***a sus hermanas****?*	*Sí,*	*las* **sie**	*besó.*
¿Van a comprar ***estas postales****?*	*Sí,*	*las* **sie**	*van a comprar.*
¿Usted ***nos*** *invita a unas copas?*	*Sí,*	*los (les), las* **Sie**	*invito.*

- Bezeichnen männliche Nomen im 4. Fall Personen (ich sehe **ihn**/**sie**), so können sie sowohl durch ***lo***/***los*** als auch durch ***le***/***les*** ersetzt werden, bezeichnen sie hingegen Sachen, immer nur durch ***lo***/***los***.

- ***Lo*** kann sich auch auf einen ganzen Satz oder eine Frage beziehen:
  ¿Dónde hay un bar por aquí? – No ***lo*** *sé.* (Ich weiß **es** nicht.)

B 234 **Ersetze die unterstrichenen Wörter durch die entsprechenden Objektpronomen:**

1. *Visitaron el Museo del Prado.* 2. *Como tortilla de patatas siempre que puedo.* 3. *Vende el coche.* 4. *Los chicos han roto la ventana.* 5. *Carmen invita a todas sus amigas.* 6. *Compró unos periódicos en Madrid.* 7. *He visto la casa de Juan.* 8. *Bajaron los precios.* 9. *Abro una botella de champán.* 10. *¿Quién prepara las tapas?* 11. *Veo a Carlos esta tarde.* 12. *Han recomendado estas películas en la tele.*

B 235 **Die Großmutter von Carlos ist schon recht alt und deshalb ein wenig zerstreut. Immer fragt sie ihren Enkel, wo sich ihre Sachen befinden. Ergänze die fehlenden Pronomen!**

1. *Oye, ¿sabes dónde están mis gafas? Es que no .... encuentro.*
2. *No sé dónde he metido mi paraguas. ¿.............. has visto tú?*
3. *Hijo mío, ¿has visto mi reloj en la cocina? Es que no .... veo en ningún sitio.*
4. *No veo las llaves por ningún lado. ¿.............. has cogido tú?*
5. *Carlitos, ¿están mis periódicos en tu cuarto? No sé dónde .... he puesto.*

B 236 **Carmen kocht für ihre Freunde ein Abendessen. Hilf ihr bei der Einkaufsliste und gib an, wo ihr die Zutaten kauft! (Achtung: Wenn du einen Satz mit einem direkten Objekt beginnst, musst du zusätzlich ein Pronomen setzen!)**

Modelo: *Los melocotones los compramos en la frutería.*

~~melocotones~~ – sandía (1) *– tarta* (2) *– carne* (3) *– chorizo* (4) *– 5 pescaditos* (5) *– pan* (6) *– 2 botellas de vino tinto* (7)

carnicería – charcutería – panadería – pastelería – pescadería – supermercado – frutería – ~~frutería~~

B 237 **Übersetze:**

1. Er wartet auf sie.
2. Sie sieht euch.
3. Ihr helft uns.
4. Ihr versteht mich nicht.
5. Ich lade dich ein.
6. Sie liebt ihn.
7. Ich kann euch mitnehmen.
8. Er weiß es nicht.

C OBJEKTPRONOMEN IM 3. FALL (= INDIREKTES OBJEKTPRONOMEN; WEM?)

	EINZAHL	
Carmen	***me*** **mir**	*regala un CD.*
Carmen	***te*** **dir**	*recomienda una película.*
Carmen	***le*** **ihm**	*cuenta un chiste (**a Carlos**).*
Carmen	***le*** **ihr**	*da la receta (**a su hermana**).*
Carmen	***le*** **Ihnen**	*va a hacer unas preguntas (**a usted**).*

	MEHRZAHL	
Carmen	***nos*** **uns**	*regala un CD.*
Carmen	***os*** **euch**	*recomienda una película.*
Carmen	***les*** **ihnen**	*cuenta un chiste (**a sus amigos**).*
Carmen	***les*** **ihnen**	*da la receta (**a sus hermanas**).*
Carmen	***les*** **Ihnen**	*va a hacer unas preguntas (**a ustedes**).*

In der Regel werden im Spanischen Personen im 3. Fall (= Dativobjekt) durch das Nomen bzw. den Namen und zusätzlich durch das entsprechende Pronomen angegeben, um Missverständnisse zu vermeiden oder Personen hervorzuheben:

> ***Le*** *cuento un chiste* ***a Carmen*** *y no a Carlos,*
> Ich erzähle Carmen einen Witz und nicht Carlos.

! Bei folgenden Verben musst du aufpassen:

SPANISCH	DEUTSCH
*El chico **la** ayuda.*	Der Junge hilft **ihr.**
▼	▼
Direktes Objekt (= 4. Fall)	**Dativobjekt (= 3. Fall)**
*El chico **le** pregunta.*	Der Junge fragt **sie/ihn.**
▼	▼
Indirektes Objekt (= 3. Fall)	**Akkusativobjekt (= 4. Fall)**

C 238 **Ersetze die unterstrichenen Nomen bzw. Namen durch das entsprechende indirekte Objektpronomen:**

1. *Ana regala un ramo de flores a su madre. Ana .... regala un ramo de flores.*
2. *Los García enseñan su casa a sus vecinos. Los García .... enseñan su casa.*
3. *Juan está escribiendo una carta a su novia. Juan .... está escribiendo una carta.*
4. *Damos el regalo a Carlos. .... damos el regalo.*
5. *Todos los días la madre cuenta una historieta a sus hijos. Todos los días la madre .... cuenta una historieta.*
6. *Enseñé la foto a mis amigos. .... enseñé la foto.*
7. *Trajo unas flores a su mujer. .... trajo unas flores.*
8. *Dije la verdad a mis padres. .... dije la verdad.*
9. *Dieron el número a su amigo. .... dieron el número.*
10. *El cartero entrega el paquete a la señora. El cartero .... entrega el paquete.*

C 239 **Übersetze:**

1. Ich schreibe ihnen eine Ansichtskarte.
2. Er gibt ihr seine neue Telefonnummer.
3. Morgen werden wir ihn fragen.
4. Ich danke dir für deine Mühe.
5. Heute Abend zeigen sie uns die Fotos.
6. Wenn ihr einen Moment wartet, erkläre ich euch den Weg.
7. Man gab ihm Recht.
8. Die Kinder machen die Hausaufgaben. Carmen hilft ihnen.

D *GUSTAR – ENCANTAR*

Diese Zeitwörter werden mit den indirekten Objektpronomen (= 3. Fall) verwendet und drücken Gefallen oder Missfallen aus.

		3. P. Ez.	Infinitiv, Nomen Ez.
(A mí) *(A ti)* *(A él, ella, usted)*	***me*** ***te*** ***le***	***gusta*** ***encanta***	***cantar*** ***la música***
		3. P. Mz.	**Nomen Mz.**
(A nosotros, -as) *(A vosotros, -as)* *(A ellos, -as, ustedes)*	***nos*** ***os*** ***les***	***gustan*** ***encantan***	***los instrumentos***
▼	▼	▼	▼
Die betonten Objektpronomen dienen zusätzlich zur Hervorhebung der Person	**3. Fall** Mir Dir Uns	**Prädikat** gefällt gefällt gefallen	**Subjekt** Singen. die Musik. die Instrumente.

Bei ***gustar*** steht kein Fragewort: ***¿Te gusta la música?*** ▶ Wie gefällt dir die Musik?

E BETONTE OBJEKTPRONOMEN NACH PRÄPOSITIONEN

			Betonte Objektpronomen	
Ez.	1.	*a*	***mí*** mir/mich	***conmigo*** mit mir
	2.	*a*	***ti*** dir/dich	***contigo*** mit dir
	3.	*de*	***él, ella, usted*** ihm/ihn, ihr/sie, Ihnen/Sie	***consigo*** mit sich
Mz.	1.	*para*	***nosotros, -as*** uns	*con* ***nosotros, -as*** mit uns
	2.	*sin*	***vosotros, -as*** euch	*con* ***vosotros, -as*** mit euch
	3.	*por*	***ellos, -as, ustedes*** ihnen/sie, Ihnen/Sie	*con* ***ellos, -as, ustedes*** mit ihnen, mit Ihnen

- Die betonten Objektpronomen stehen immer nach Vorwörtern (***a, de, para, sin,*** etc.). Sie können zur Verstärkung mit den unbetonten Objektpronomen in einem Satz stehen.

D
240

Ergänze die entsprechende Form von *gustar*:

1. *¿Te .... la tortilla española?*
2. *A nosotros no nos .... las discotecas.*
3. *A los chicos les .... jugar al fútbol.*
4. *¿Te .... este cuadro? – Sí, me .... mucho.*
5. *Os .... aprender español, ¿verdad?*
6. *¿Y a usted? ¿Le .... las ciudades grandes?*
7. *Nos .... mucho bailar.*
8. *¿A ti te .... la música clásica? – No, me .... más la música pop.*
9. *A los jóvenes les .... mucho los ordenadores.*
10. *A mí no me .... las gambas, pero a mi hermano sí.*

D
241

Bring die Wörter in die richtige Reihenfolge. Achte auf die Stellung der Pronomen. Die Verben *apetecer* (Lust haben), *interesar* (interessieren) und *parecer* (gefallen) werden wie *gustar* bzw. *encantar* behandelt!

1. *nosotros / parecen / museos / exposiciones / las / y / nos / aburridos / los / a.*
2. *hermana / discoteca / apetece / a / ir / mi / le / la / a.*
3. *¿o / te / leer / más / tele / gusta / libro / ver / un / la?*
4. *interesan / mis / novelas / les / amigas / a / las / románticas.*
5. *¿parece / a / canción / qué / esta / te / ti?*

D
242

Ergänze die fehlenden Personalpronomen:

1. *Chicas, ¿qué .... parecen las películas francesas? – A .... no .... interesan en absoluto.*
2. *A ver, ¿a ti .... gusta bailar?*
3. *Carmen, ¿.............. gusta más la carne o el pescado? – A .... me gusta más la carne, pero a mis padres .... encanta el pescado.*

E
243

Beantworte die folgenden Fragen:

Modelo: *¿Este vaso es **para mí**? ▶ Sí, es para ti.*

1. *¿Estáis hablando **de mí**? – No, tranquilo, no estamos hablando de ....*
2. *¿Queréis venir **conmigo** al cine? – Sí, queremos ir ....*
3. *¿Han estado **con vosotros**? – No, no han estado con ....*
4. *¿Vais de vacaciones **sin ellos**? – Que sí, nos vamos sin ....*
5. *¿Estos regalos son **para nosotros**? – Sí, son para ....*
6. *¿Estudió **contigo**? – No, ... no estudió.*
7. *¿Me das el diccionario **a mí**? – Sí, te doy el diccionario a ....*

F ZUSAMMENTREFFEN VON ZWEI UNBETONTEN OBJEKTPRONOMEN (3. UND 4. FALL) IM GLEICHEN SATZ

- Treffen im Spanischen zwei Objektpronomen in einem Satz zusammen, so steht das **indirekte Pronomen** (= Person im 3. Fall) im Gegensatz zum Deutschen **immer vor** dem **direkten Pronomen** (= Sache im 4. Fall):
  ¿Te *ha enseñado* ***las fotos?*** Hat er **dir die Fotos** gezeigt?

  Spanisch: *Sí,* ***me las*** *ha enseñado.*

  Deutsch: Ja, er hat **sie mir** gezeigt.

- Indirektes und direktes Pronomen sind außerdem untrennbar:

Te lo *he dicho mil veces.*	Ich habe es dir tausendmal gesagt.
Me las *ha enseñado.*	Er hat sie mir gezeigt.

- Folgt ein direktes Objektpronomen der 3. Person (***lo***/***la***, ***los***/***las***) unmittelbar auf ein indirektes Objektpronomen der 3. Person (***le***/***les***), werden ***le*** und ***les*** durch ***se*** ersetzt:

  ~~Le/les~~ **+** ***lo/la, los/las*** ► ***se*** **+** ***lo/la, los/las***

- Sollte aus dem Zusammenhang nicht klar hervorgehen, wer gemeint ist, wird das betonte Objektpronomen hinzugefügt, zB:

Se *lo he dicho* ***a él.***	Ich habe es **ihm** gesagt (und nicht **ihr**!)

G STELLUNG DER UNBETONTEN OBJEKTPRONOMEN

In der Regel stehen die Objektpronomen immer beim Verb, d.h. direkt **vor** dem **konjugierten Verb** (= Personalform). **ABER:**

- Die Pronomen **müssen angehängt werden** an:
  1. den **bejahten Imperativ**: *¡Cuénta**melo**!*
  2. die **Nennform** eines Verbs, wenn sie allein steht:
     *Me apunto tu teléfono para llamar**te**.*

- Die Pronomen **können** angehängt werden an:
  1. die **Nennform**, wenn davor ein **Modalverb** steht:
     Este hotel es muy barato, ***te lo*** *puedo recomendar.* **Oder:**
     *Este hotel es muy barato, puedo recomendár**telo**.*
  2. die **Verlaufsform** (= *gerundio*):
     Lo *está explicando.* **Oder:** *Está explicándo**lo**.*

F
244 **Ersetze in den folgenden Sätzen das direkte und indirekte Objekt durch die entsprechenden Pronomen:**

Modelo: *Le dio los libros a Juan.* ▶ *Se los dio.*

1. *Compré un móvil nuevo a mi hija.* .... *compré.*
2. *Carmen vendió su coche al vecino.* .... *vendió.*
3. *Dieron una propina al camarero.* .... *dieron.*
4. *Lee la carta a sus abuelos.* .... *lee.*
5. *Preguntan la dirección al policía.* .... *preguntan.*
6. *Ha regalado unos libros a su hermana.* .... *ha regalado.*
7. *Nunca daré mi dinero a un ladrón. Nunca* .... *daré.*

F
245 **Beantworte die Fragen, indem du die entsprechenden direkten und indirekten Objektpronomen verwendest:**

Modelo: *¿Has escrito un e-mail a Carmen?* ▶ *Sí, se lo he escrito.*

1. *¿Manolo te dio este CD? – No, no* ....
2. *¿Señor, me da un cigarrillo? – Sí,* ....
3. *¿Nos explicas los pronombres? – Que sí,* ....
4. *¿Os han recomendado esta película? – Sí,* ....
5. *¿La madre les cuenta una historieta a sus hijos? – No, no* ....

F
246 **Welche unterschiedlichen Bedeutungen haben diese Sätze? Lies dir die angegebenen Bedeutungen durch und ordne sie zu!**

a. *un euro a un mendigo*
b. *las llaves al hijo*
c. *la guitarra a usted*
d. *unos libros a un amigo*
e. *un beso a tu madre*
f. *dos entradas a ustedes*
g. *los juguetes al sobrino*
h. *una flor a la dama*

1. *Se la doy.*
2. *Se lo doy.*
3. *Se las doy.*
4. *Se los doy.*

G
247 **Korrigiere die Stellung der Pronomen in diesen Sätzen:**

1. *¿A ti te gusta hablar español? – Sí, me gusta lo hablar.*
2. *¿Están comiendo la paella? – No, no están la comiendo.*
3. *¿Carlos le cuenta un chiste a su amigo? – Sí, se cuenta lo.*
4. *¿Le digo la verdad? – Sí, claro, ¡dílase!*
5. *¿Me deja su periódico? – Sí, dejoselo.*
6. *¿Nos vas a enseñar las fotos? – No, no os voy a enseñarlas.*
7. *¿Tenéis que estudiar los pronombres? – Sí, tenemos que los estudiar.*
8. *¿Me prestas tu diccionario? – Sí, lo te presto.*

31. KAPITEL | POSSESSIVPRONOMEN UND -ADJEKTIVE

Das **besitzanzeigende Fürwort** oder ***pronombre posesivo*** zeigt an, **wem** oder **zu wem** etwas gehört. Es steht **anstelle eines Nomens.**
Kommt es zusammen **mit einem Nomen** vor, spricht man von einem **besitzanzeigenden Adjektiv** oder ***adjetivo posesivo***.

Im Spanischen unterscheidet man betonte und unbetonte Possessivadjektive.

- Die **unbetonten Formen** stehen immer **vor einem Nomen** (zB ***mi*** *hermana* – meine Schwester),
- die **betonten** stehen immer **hinter einem Nomen**, das von einem Artikel, einem Demonstrativadjektiv oder einem Zahlwort begleitet wird (zB *una hermana* ***mía*** – eine meiner Schwestern).

A UNBETONTE POSSESSIVADJEKTIVE

	Einzahl		Mehrzahl	
ein Besitzer	*mi*	**mein, meine**	*mis*	**meine**
	tu	**dein, deine**	*tus*	**deine**
	su	**sein, seine** **ihr, ihre** **Ihr, Ihre**	*sus*	**seine** **ihre** **Ihre**
mehrere Besitzer	*nuestro, -a*	**unser, unsere**	*nuestros, -as*	**unsere**
	vuestro, -a	**euer, eure**	*vuestros, -as*	**eure**
	su	**ihr/ihre** **ihre** **Ihr, Ihre**	*sus*	**ihre** **ihre** **Ihre**
	ein „Besitzobjekt"		mehrere „Besitzobjekte"	

- Die unbetonten Possessivadjektive stimmen in Geschlecht und Zahl mit dem „Besitzobjekt" überein, nicht mit dem „Besitzer":
  Vuestras *hijas son muy guapas.* Eure Töchter sind sehr hübsch.
- Die Form für die 3. Person ist in der Einzahl wie in der Mehrzahl gleich.
  Su *familia* kann somit heißen:
  su *familia = la familia de Carlos =* **seine** Familie
  su *familia = la familia de Carmen =* **ihre** Familie
  su *familia = la familia de los García =* **ihre** Familie
  su *familia = la familia de usted(es) =* **Ihre** Familie

Zur Verdeutlichung des Besitzers kann *de él/ella/ellos/ellas, usted(es)* hinzugefügt werden.

A 248 **Übersetze:**

1. mein Buch, 2. seine Freunde, 3. eure Kinder, 4. unser Haus, 5. Ihr Handy, 6. euer Spanischlehrer, 7. dein Wörterbuch, 8. Ihre Geschwister, 9. unsere Möbel, 10. seine Mutter, 11. ihr Glas

A 249 ***Sopa de letras*. Findest du die 7 Familienbezeichnungen?**

P	R	I	M	O	H	F	G	D	H
O	Ñ	N	M	L	E	K	J	R	I
T	P	M	A	D	R	E	Q	I	R
I	S	H	E	R	M	A	N	O	S
A	B	U	E	L	A	T	U	M	V
G	F	E	D	C	N	B	A	O	W
C	U	Ñ	A	D	O	H	I	S	J

1. ....
2. ....
3. ....
4. ....
5. ....
6. ....
7. ....

A 250 **Ordne die gefundenen Wörter nun den richtigen Familienbeziehungen zu!**

1. *la mujer de tu padre es tu* ....
2. *el hijo de tu tío es tu* ....
3. *el marido de tu hermana es tu* ....
4. *tu hermano y tu hermana son tus* ....
5. *el padre de tu sobrino es tu* ....
6. *la mujer de tu tío es tu* ....
7. *la madre de tu padre es tu* ....

A 251 **Wie heißen die entsprechenden Possessivadjektive? Ergänze die Tabelle!**

	abuelos	*primo*	*hermana*	*tías*
(yo)				
(tú)				
(nosotros, -as)			*nuestra*	
(vosotros, -as)				

B BETONTE POSSESSIVADJEKTIVE

Wenn man sich auf ein Element einer Gruppe bezieht (***una** hermana **mía*** – eine meiner Schwestern) – also mehrere „Besitzobjekte“ hat, – so verwendet man die betonten Possessivadjektive:

			1. Person	2. Person	3. Person
ein Besitzer	Ez.	männl.	*mío*	*tuyo*	*suyo*
		weibl.	*mía*	*tuya*	*suya*
	Mz.	männl.	*míos*	*tuyos*	*suyos*
		weibl.	*mías*	*tuyas*	*suyas*
mehrere Besitzer	Ez.	männl.	*nuestro*	*vuestra*	*suyo*
		weibl.	*nuestra*	*vuestra*	*suya*
	Mz.	männl.	*nuestros*	*vuestros*	*suyos*
		weibl.	*nuestras*	*vuestras*	*suyas*

- Wie die unbetonten Formen müssen auch die betonten mit ihrem Bezugswort (= „Besitzobjekt“) **in Geschlecht und Zahl übereingestimmt** werden:

  *un amig**o mío*** ► einer meiner Freunde
  *unos amig**os suyos*** ► einige seiner/ihrer Bekannten

- Die **betonten Formen** des Possessivadjektivs werden **dem Nomen stets nachgestellt**. Vor dem Nomen kann stehen:

  1. ein Artikel: ► *Es **una** amiga **mía**.*
  ► Sie ist eine Freundin von mir.

  2. ein Demonstrativadjektiv: ► ***Aquel** amigo **vuestro** es rico.*
  ► Dieser Freund von euch ist reich.

  3. ein Zahlwort: ► *Los **tres** amigos **tuyos** son divertidos.*
  ► Deine drei Freunde sind lustig.

C POSSESSIVPRONOMEN

- Die Formen des Possessivpronomens entsprechen den betonten Formen des Possessivadjektivs. Sie ersetzen ein Nomen, mit dem sie in Geschlecht und Zahl übereingestimmt werden, und haben immer den bestimmten Artikel bei sich:

  *Mi móvil no funciona. ¿Puedo usar **el tuyo**?*
  Mein Handy funktioniert nicht. Kann ich deines benutzen?

- In Verbindung mit dem Zeitwort ***ser*** (im Sinne von „gehören“) kann der Artikel weggelassen werden:

  *¿**Estos** libros son **(los) vuestros**? – Sí, **son (los) nuestros**.*
  Gehören diese Bücher euch? – Ja, sie gehören uns.

B 252

Übersetze:

1. Eine meiner Schwestern ist Ärztin.
2. Zwei seiner Freunde sind gestern nach Madrid gereist.
3. Das ist Carlos. Er ist ein Nachbar von mir.
4. Einige eurer Verwandten kenne ich noch nicht.
5. Diese CDs von Ihnen gefallen mir sehr.

C 253

Beantworte die folgenden Fragen. Verwende dabei die entsprechenden Possessivpronomen:

1. *¿Son ésas tus gafas? – No, no son ...., ... están en el salón.*
2. *¿Es de Pedro este diccionario? – Sí, es ....*
3. *¿Señora, es de usted ese bolso? – No, no es .... Es del señor alto, es ....*
4. *¿Son aquéllas sus motos? (de ellos) – Sí, son ....*
5. *¿Carlos, es tu corbata? No, no es ...., es que yo no tengo.*

A B C 254

Ergänze in den folgenden Sätzen die fehlenden Possessivpronomen und -adjektive:

1. (Mein) .... *hijo me escribe todas las semanas. – Pues,* (meiner) .... *sólo cuando se acuerda.*
2. (Dein) .... *ordenador portátil es bueno, sí, pero* (ihrer) .... *es mucho más potente.*
3. *Es un egoísta, sólo piensa en hacer* (seine) .... *deberes,* (unsere) .... *no le interesan.*
4. *¿Y* (euer) .... *hermano? ¿No nos acompaña? – No, se va al cine con* (einigen seiner Kollegen) ....
5. *Estoy harto de* (deine) .... *chistes. ¿Por qué no escuchas alguna vez* (meine) .... *?*
6. *¿De qué son* (eure) .... *bocadillos?* (Unsere) .... *son de chorizo. –* (Seiner) .... *es de tortilla y* (meiner) .... *es de jamón. ¿Quieres que te lo cambie?*

32. KAPITEL RELATIVPRONOMEN

Das Relativpronomen leitet einen Nebensatz (Relativsatz) ein, der sich auf ein vorangehendes Hauptwort oder auf einen vorangehenden Satz und dessen Inhalt bezieht, deshalb auch der Ausdruck **bezügliches Fürwort** oder ***pronombre relativo***.

A *QUE*

Das spanische Relativpronomen ***que*** entspricht im Deutschen den bezüglichen Fürwörtern **der**, **die**, **das** bzw. **den.** Es bezieht sich auf Personen sowie Sachen, kann Subjekt und Objekt sein und ist unveränderlich in Geschlecht und Zahl:

Un amigo mío, ***que*** *se llama Jorge, nos ha invitado.* ► **Subjekt**
Einer meiner Freunde, **der** Jorge heißt, hat uns eingeladen.

*Tengo **una hermana que** se llama Carmen.* ► **Subjekt**
Ich habe **eine Schwester**, **die** Carmen heißt.

La chica, ***que*** *sabe alemán, es de Madrid.* ► **Subjekt**
Das Mädchen, **das** Deutsch kann, ist aus Madrid.

El abrigo, ***que*** *te has comprado, me gusta mucho.* ► **Objekt**
Der Mantel, **den** du dir gekauft hast, gefällt mir sehr.

B *EL/LOS QUE, LA/LAS QUE*

Wenn ein Relativsatz mit einem Vorwort beginnt, steht vor ***que*** der Artikel, der in Geschlecht und Zahl mit dem vorangehenden Hauptwort übereingestimmt wird:

*La ciudad, **desde la que** te escribo, es muy bonita.*
Die Stadt, **aus der** ich dir schreibe, ist sehr schön.

*Los chicos, **con los que** comparto la habitación, son de Inglaterra.*
Die Burschen, **mit denen** ich das Zimmer teile, sind aus England.

Mit ***el/los que***, ***la/las que*** werden auch Sätze mit unbestimmtem Subjekt eingeleitet:

Los que *estudien mucho, aprobarán el examen.*
Diejenigen, die viel lernen, werden die Prüfung schaffen.

C *LO QUE*

Lo que (= **was**) bezieht sich auf den Inhalt eines vorangehenden oder nachfolgenden Satzes:

Lo que *yo sé, es que habla francés.*
Was ich weiß, spricht er Französisch.

A
255

Aus 2 mach 1:
Verbinde mit Hilfe von *que* zwei Sätze!

Modelo: *Estoy viendo una película. La película es divertida.* ▶
Estoy viendo una película que es divertida.

1. *Tengo unos amigos. Los amigos viven en Bilbao.*
2. *Leí una novela. La novela era aburrida.*
3. *Carmen tiene un piso nuevo. Tú todavía no conoces el piso.*
4. *Compré unos cuadros. Los cuadros eran carísimos.*
5. *Carlos tiene un coche. El coche gasta mucha gasolina.*
6. *Vivo en una casa antigua. La casa es bastante grande.*
7. *He conocido a dos muchachas. Las muchachas son de México.*
8. *Hacemos un ejercicio. Este ejercicio es muy difícil.*
9. *Esperamos a unos amigos nuestros. Nuestros amigos llegan tarde.*
10. *Me han regalado un florero. El florero no me gusta nada.*
11. *He visto una película española. La película trata de la violencia audiovisual.*

B
256

Carlitos möchte wissen, wofür man die folgenden Dinge verwendet. Erkläre es ihm, indem du Sätze mit der Struktur *una cosa/un aparato/un objeto* + Vorwort + Artikel + *que* verwendest.

Modelo: *trapo: limpiar el polvo de los muebles con él* ▶
Un trapo es una cosa con la que limpias el polvo de los muebles.

1. *gafas: ver mejor a través de ellas*
2. *cámara: poder sacar fotos con ella*
3. *estantería: poner libros en ella*
4. *toalla: secarte el cuerpo con ella cuando estás mojado*
5. *pincel: sin él un pintor no poder pintar sus cuadros*
6. *lavaplatos: poder lavar los platos en él*
7. *ventana: entrar la luz en la casa por ella*
8. *enchufe: salir electricidad de él*
9. *túnel: pasar los coches o trenes por él*

C
257

Übersetze.

1. Heute hat er mir alles erzählt, was er weiß.
2. Was du jetzt brauchst, ist eine Pause.
3. Jetzt müssen wir alle Übungen machen, was uns überhaupt nicht gefällt.
4. Was ich nicht verstehe, sind die Relativpronomen.
5. Soll ich dich begleiten oder nicht? – Mach, was du willst!

D QUIEN, QUIENES

Das Relativpronomen ***quien*** bzw. ***quienes*** wird **nur für Personen** verwendet und nur in der Zahl mit seinem Bezugswort übereingestimmt. Im Unterschied zu ***que*** wird es **nie von einem Artikel begleitet** und fast immer mit einem Vorwort verwendet. ***Quien*** bzw. ***quienes*** kann immer durch ***el/los que***, ***la/las que*** ersetzt werden:

*Fue Carmen **con quien** (**con la que**) hablasteis.*
Es war Carmen, **mit der** ihr gesprochen habt.

*Ayudamos **a quienes** (**a los que**) lo necesitan.*
Wir helfen **denen**, **die** es brauchen.

E EL/LA CUAL, LOS/LAS CUALES

Diese Relativpronomen können für Sachen und Personen stehen und ersetzen ***que*** bzw. ***quien***, ***quienes***. Sie haben **immer einen Artikel** bei sich. In der Alltagssprache werden die Formen mit ***cual*** kaum verwendet, in der Schriftsprache sind sie üblich:

*Las chicas { con quienes / **con las cuales** / con las que } está hablando son muy simpáticas.*

F CUYO, CUYA, CUYOS, CUYAS

Bei ***cuyo/a*** bzw. ***cuyos/as*** heißt es aufpassen! Sie richten sich in Geschlecht und Zahl wie ein Adjektiv nach dem **folgenden Hauptwort**, die deutschen Entsprechungen **„deren“** und **„dessen“** hingegen nach dem **vorangehenden Hauptwort**:

*Carmen es la **chica cuyas hermanas** viven en España.*

Carmen ist das **Mädchen**, **dessen Schwestern** in Spanien leben.

G DONDE

Anstelle von ***en el/la/los/las que*** kann das Umstandswort ***donde*** verwendet werden, wenn es sich um eine Ortsangabe handelt:

*Austria es el país **donde** (**en el que**) nació Mozart.*
Österreich ist das Land, wo Mozart geboren wurde.

D E G 258

Welche anderen Relativpronomen könntest du in den folgenden Relativsätzen anstelle der Formen mit *cual* verwenden?

1. *Le gusta la gente con la cual puede discutir mucho.*
2. *Necesita un trabajo en el cual gane bastante dinero.*
3. *Prefiere las ciudades en las cuales hay una infraestructura buena.*
4. *Le encantan los amigos con los cuales puede divertirse mucho.*
5. *Quiero ir a un lugar de vacaciones en el cual haya unas playas bonitas.*
6. *El compañero de trabajo, con el cual suele jugar al golf, es bastante misterioso.*
7. *El vuelo, en el cual van a viajar, es un charter.*
8. *El barrio, en el cual viven, está lejos.*

F 259

Ergänze in diesen Sätzen *cuyo/a* bzw. *cuyos/as*. Beachte, dass diese Relativpronomen in Geschlecht und Zahl mit dem nachfolgenden Hauptwort übereinstimmen!

1. *Ésta es la iglesia* .... *torres son tan altas.*
2. *Ése es el chico* .... *tío es ministro.*
3. *Me he comprado una maleta* .... *color es rojo.*
4. *Conozco a un hombre* .... *mujer es escritora.*
5. *Paloma,* .... *padres son músicos, canta en la ópera.*
6. *Ayer quedamos con la familia* .... *casa está en venta.*
7. *Me ha devuelto este libro* .... *hojas están sueltas.*
8. *Tengo una secretaria* .... *hijos viven y trabajan en Nueva York.*
9. *Me han llamado los vecinos de* .... *perro cuido en las vacaciones.*

F G 260

Übersetze.

1. Die Gegend, wo er lebt, ist sehr schön, aber abgeschieden.
2. Die Familie, deren Haus ich vorige Woche gekauft habe, wohnt jetzt in Madrid.
3. Der spanische Maler, dessen Bilder mir sehr gut gefallen, heißt Joan Miró.
4. Die Frau, deren Mann gestern gestorben ist, ist meine Nachbarin.
5. Österreich ist ein Land, wo es viele Seen gibt.
6. Das ist der Ort, wo wir geboren wurden.

F G 261

***¿Dónde estás?* Ergänze die fehlenden Relativpronomen und beantworte die Frage!**

Es un lugar lleno de arena y cerca del mar (1.) .... *hace mucho calor y* (2.) .... *hay muchísima gente* (3.) .... *piel ya se ha puesto roja y* (4.) .... *única actividad consiste en levantarse de vez en cuando para tirarse al agua.*

Lösung: *Estoy en la* ....

33. KAPITEL	DEMONSTRATIVPRONOMEN UND -ADJEKTIVE

Im Spanischen haben die hinweisenden Fürwörter oder ***pronombres demostrativos*** und die hinweisenden Eigenschaftswörter oder ***adjetivos demostrativos*** dieselben Formen. Nach der räumlichen Entfernung der bezeichneten Person oder Sache unterscheidet man drei verschiedene Formen:

- ***Este*** bezeichnet das, was dem Sprecher nahe ist (► ***aquí***).
- ***Ese*** bezeichnet das, was dem Zuhörer nahe ist (► ***ahí***).
- ***Aquel*** bezeichnet das, was sowohl vom Sprecher als auch vom Zuhörer weiter entfernt ist (► ***allí***).

A ÜBERBLICK

Grad der räumlichen Entfernung		Männlich und weiblich		Sächlich
		Einzahl	Mehrzahl	Einzahl
aquí **hier**	Adjektiv	***este, esta*** diese(r, s)	***estos, estas*** diese	
	Pronomen	***éste, ésta*** diese(r, s)	***éstos, éstas*** diese	***esto*** dieses
ahí **da**	Adjektiv	***ese, esa*** diese(r, s) da	***esos, esas*** diese da	
	Pronomen	***ése, ésa*** diese(r, s) da	***ésos, ésas*** diese da	***eso*** das da
allí **dort**	Adjektiv	***aquel, aquella*** diese(r, s) dort	***aquellos, -as*** diese dort	
	Pronomen	***aquél, aquélla*** diese(r, s) dort	***aquéllos, -as*** diese dort	***aquello*** das dort

- Das **Demonstrativadjektiv** verwendet man, um auf eine ganz bestimmte Person oder Sache hinzuweisen. Es steht immer vor einem Nomen und muss mit diesem in Geschlecht und Zahl übereingestimmt werden:

  Este chico *siempre me ayuda.* Dieser Junge hilft mir immer.
  Aquellas chicas *se ríen de él.* Diese Mädchen dort lachen über ihn.

- Das **Demonstrativpronomen** steht im Unterschied zum Adjektiv alleine und ersetzt ein Nomen, mit dem es in Geschlecht und Zahl übereingestimmt werden muss. Es kann einen Akzent tragen, um es vom Demonstrativadjektiv zu unterscheiden:

  *¿Cuál es tu copa, **ésta** o **aquélla**?*
  Welches Glas gehört dir, dieses hier oder dieses dort?

- ***Esto, eso*** und ***aquello*** tragen nie einen Akzent, da sie nie bei einem Nomen stehen können:

  *¿Qué es **esto**?* Was ist das?

A 262 **In dieser Aufgabe ändert sich der Grad der räumlichen Entfernung der Personen und Sachen. Ergänze die Tabelle!**

	esta chica	*esa chica*	*aquella chica*
1.	*estos libros*		
2.	*este coche*		
3.	*estas señoras*		
4.	*esta botella*		

A 263 **Ersetze die Demonstrativadjektive durch die entsprechenden Demonstrativpronomen, indem du davon ausgehst, dass die Person oder Sache dem Sprecher am nächsten ist.**

Modelo: *Ese árbol es alto; éste es bajo.*

1. *Esos restaurantes son caros; .... son baratas.*
2. *Aquel chico es alto; .... es bajo.*
3. *Esas ventanas están abiertas; .... están cerradas.*
4. *Aquellos hombres son amables; .... no lo son.*
5. *Aquella mujer es muy guapa; .... es fea.*

A 264 **Entscheide dich in den folgenden Sätzen für das passende Demonstrativadjektiv. Achte dabei auf den Grad der räumlichen Entfernung!**

1. .... *libro que tengo en la mano, es muy interesante.*
2. .... *chicas que están contigo, son muy listas.*
3. *Mira,* .... *señor, al otro lado de la calle, nos está saludando.*
4. .... *móvil, que acabo de comprarme, aún tiene cámara.*
5. .... *fotos, que nos ha enseñado tu abuela, son bastante viejas.*

A 265 **Demonstrativpronomen oder -adjektiv? Entscheide dich und übertrage sie in die entsprechende Tabellenspalte!**

1. *¿Cuál es tu hermano, éste o aquél?*
2. *¿Qué es eso? – No sé.*
3. *Esta tarde vamos al cine.*
4. *Todos los días llega tarde. Esto no lo entiendo.*
5. *¿Te gustan los pantalones? – ¿Cuáles? ¿Éstos o aquéllos?*
6. *Lo siento, en este momento no puedo.*

Pronomen	Adjektiv

34. KAPITEL | INDEFINITPRONOMEN

Die **Indefinitpronomen** bzw. **-adjektive**, zB ***alguien*** – jemand, ***algo*** – etwas, ***algún, alguna*** – irgendein/e, ***cada uno/a*** – jede/r/s, etc. bezeichnen nicht näher bestimmte Dinge oder Personen. Sie stehen entweder allein, als Pronomen oder begleiten ein Nomen als Beifügung.

A ALLEIN STEHENDE INDEFINITPRONOMEN

In bejahten Sätzen	In verneinten Sätzen
algo **– etwas**	***nada*** **– nichts**
¿Ya has bebido algo? Hast du schon etwas getrunken?	***No, no he bebido nada.*** Nein, ich habe nichts getrunken.
¿Quiere usted algo más? Möchten Sie noch etwas?	***No, gracias, nada más.*** Nein, danke, nichts mehr
alguien **– jemand**	***nadie*** **– niemand**
¿Ya ha venido alguien? Ist schon jemand gekommen?	***No, no ha venido nadie.*** Nein, es ist niemand gekommen.
Cualquiera **– jede/r/s (beliebige)**	
Pero eso lo sabe cualquiera. Aber das weiß doch jeder.	
Cada uno/a **– jede/r/s**	
Cada una de las chicas es muy simpática. Jedes der Mädchen ist sehr sympathisch.	

! Stehen ***nada*** bzw. ***nadie*** hinter dem Zeitwort, muss vor dem Zeitwort ***no*** stehen!
Nadie ha venido. = No ha venido nadie.

B NUR BEIFÜGEND GEBRAUCHTE INDEFINITPRONOMEN

Cada und ***cualquier*** sind unveränderlich und werden **vor** das Nomen gestellt.

Cada **– jede/r/s**
Cada año vamos de vacaciones a Ibiza. Wir fahren jedes Jahr nach Ibiza auf Urlaub.
Cada vez que como pescado, me siento muy mal. Jedes Mal, wenn ich Fisch esse, fühle ich mich schlecht.
Cualquier **– irgendein/e/s**
A Nuria le gusta comer cualquier plato. Nuria isst alles (jedes Gericht) gern.

A
266

Beantworte die Fragen, indem du sie verneinst:

1. *¿Usted ha visto a alguien en el parque? – No, ...*
2. *¿Ya has comido algo hoy? – No, ...*
3. *Señora Martínez, ¿ha llamado alguien para mí? – No, ...*
4. *¿Has oído algo nuevo de tu novio? – No, ...*
5. *Paco, ¿tienes algo para leer? – No, ...*
6. *¿Conoces a alguien en esta ciudad? – No, ...*
7. *¿Han dicho algo interesante en las noticias? – No, ...*
8. *¿Hay alguien que sepa francés? – No, ...*
9. *¿Has olvidado algo, Carlos? – No, ...*
10. *¿Quieres algo más para comer? – No, ...*

A
267

Übersetze:

1. Niemand hat mir geholfen.
2. Hast du etwas zu essen? Ich habe großen Hunger.
3. Ich habe noch nichts gelernt.
4. Ich kenne jemanden, der im Ministerium arbeitet.
5. Suchst du etwas?
6. Ich möchte nichts essen.
7. Weißt du etwas über diese Familie?
8. Wir kennen hier niemanden.
9. Ich hoffe, dass ich nichts vergessen habe.

A B
268

Setze *algo – alguien – nada – nadie – cada uno – cada una – cualquiera – cada – cualquier* ein:

1. *En esta ciudad no hay* .... *interesante de ver, no hay ni siquiera casas bonitas.*
2. .... *de nosotros tiene que comprar un regalo para Juan.*
3. *La gramática española es bastante fácil, la entiende* ....
4. *No puedes comprar* .... *cosa que te guste, tienes que ahorrar un poco más.*
5. *¿Has quedado ya con* .... *para esta tarde o puedes acompañarme?*
6. *¿Sabéis* .... *sobre el accidente de tráfico que ocurrió anoche?*
7. *¿Qué pasa con Pedro y Manolo? Los dos discuten* .... *vez que se encuentran.*
8. *Como siempre no me ha ayudado* .... *a limpiar la casa; eso no puede seguir así.*
9. .... *de vuestras maletas pesa más de 25 kilos, me parece que lleváis demasiadas cosas.*

C ALLEINE UND BEIFÜGEND GEBRAUCHTE INDEFINITPRONOMEN

Abgesehen von einfachen Mengenangaben wie ***mucho*** und ***poco*** sind folgende Indefinitpronomen wichtig:

alguno/a, algunos/as **– irgendein/e, jemand, einige, ein paar**
¿Alguno de vosotros ha visto a Juan? – Hat jemand von euch Juan gesehen?
¿Hay algún bar por aquí? – Gibt es irgendeine Bar in der Nähe?
Tengo algunas fotos que te quiero enseñar. Ich habe ein paar Fotos, die ich dir zeigen möchte.
ninguno/a **– kein/e, kein/e einzige/r/s**
Aquí no hay ningún bar. – Hier gibt es keine Bar.
No he visto a ninguna de tus amigas allí. Ich habe keine deiner Freundinnen dort gesehen.
mismo/a, mismos/as **– der/die/das Gleiche, dasselbe**
Mi hermana tiene el mismo vestido que yo. Meine Schwester hat das gleiche Kleid wie ich.
Siempre viene la misma gente. – Es kommen immer dieselben Leute.
tanto/a, tantos/as **– so viel, so viele**
Tengo tantas cosas que contarte. – Ich habe dir so viele Dinge zu erzählen.
No hagas tanto ruido. – Mach nicht so viel Lärm.
todo/a, todos/as **– alles, der, die, das Ganze, alle**
Este chico lo sabe todo. – Dieser Junge weiß alles.
¿Tienes todas tus cosas? – Hast du alle deine Sachen?
demasiado/a, demasiados/as **– zu viel/e**
Ya no puede conducir, ha bebido demasiado. Er kann nicht mehr fahren, er hat zu viel getrunken.
Has llevado demasiadas cosas. – Du hast zu viele Sachen mitgenommen.
otro/a, otros/as **– (ein/e) andere/r/s, noch ein/e/n**
¿Me trae otro café, por favor? – Bringen Sie mir bitte noch einen Kaffee?
Los otros no pueden venir. – Die anderen können nicht kommen.

Beachte, dass ***alguno*** und ***ninguno*** zu ***algún*** bzw. ***ningún*** verkürzt werden, wenn sie **vor** einem männlichen Nomen stehen:
*¿Conoces **algún restaurante bueno?** – No, no conozco **ninguno.***
Kennst du irgendein gutes Restaurant? – Nein, ich kenne keines.

C
269

Korrigiere die folgenden Sätze – in jedem Satz steckt ein fehlerhaft verwendetes Indefinitpronomen:

1. *No tengo ninguno libro sobre la gramática. ¿Puedes prestarme alguno?*
2. *He leído tan mucho sobre Madrid que puedo explicarte todo.*
3. *Mi amigo sabe todos sobre perros, es que siempre ha tenido algún perro en casa.*
4. *He comido demasiado mucho.*
5. *No he recibido algún mensaje electrónico hoy.*
6. *Por favor, quiero una otra copa de vino.*
7. *Aquí hay tan mucha gente que no te puedes mover.*
8. *Aquí no hay algún hotel.*
9. *¿Ya has leído alguno libro en español?*

C
270

Setze die Pronomen richtig ein! Jedes Pronomen entspricht einem Buchstaben, wie du auf dem kleinen Zettel siehst. Wenn du alle in der richtigen Reihenfolge eingesetzt hast, ergibt sich ein Lösungswort (der Patron Spaniens).

***algún* = O**
***ninguno* (2x) = A**
***tanto* = S**
***todos* = N**
***todo* = T**
***demasiado* = I**
***otros* = G**

Lösungswort: _ _ _ _ _ _ _ _

1. *No comas ………………… , es que vas a engordar.*
2. *No puedo ver a ………………… de los niños.*
3. ………………… *los alumnos participaron en la excursión.*
4. *Ya he aprendido ………………… para el examen.*
5. *Tengo que descansar, es que últimamente he trabajado ………………… .*
6. *¿Hay un cine en este pueblo? – No, no hay ………………… .*
7. *Podéis hacer los ………………… ejercicios ahora.*
8. *¿Tienes ………………… disco de Enrique Iglesias?*

C
271

Übersetze:

1. Ich möchte gerne eine andere Zeitschrift haben.
2. Hast du alles verstanden?
3. Fast alle Kinder essen gerne Eis.
4. Ich habe kein Buch von García Márquez.
5. Wir sehen uns morgen um dieselbe Zeit.
6. Ich habe dir alles gesagt.
7. Arbeite nicht so viel!
8. Möchten Sie ein anderes Spiel probieren?

35. KAPITEL | PRÄPOSITIONEN

Präpositionen sind Verhältniswörter (im Deutschen zB auf, in, an, für, usw.), die Beziehungen zwischen den verschiedenen Elementen eines Satzes herstellen und somit zum Verständnis sehr wichtig sind. Sie tauchen auch in Redewendungen auf oder begleiten bestimmte Zeitwörter und geben ihnen einen anderen Sinn. Sie lassen sich allerdings nicht eindeutig übersetzen, da sie je nach Zusammenhang eine andere Bedeutung annehmen. In der Folge findest du eine Übersicht über die gebräuchlichsten Präpositionen im Spanischen und ihre häufigsten Verwendungsweisen.

A *A, DE, EN*

Beachte zunächst, dass ***a*** und ***de*** mit dem bestimmten Artikel ***el*** zu ***al*** bzw. ***del*** verschmolzen werden.
*Vamos **al** cine.* – Wir gehen ins Kino.
*El libro **del** profesor.* – Das Buch des Lehrers.

Die Präposition ***a*** gibt an	
Richtung, Ziel (an, nach, zu, in ...)	***Vamos a la discoteca.*** – Wir gehen in die Diskothek.
	Viajan a América. – Sie reisen nach Amerika.
Uhrzeit (um)	***El autobús sale a las cinco.*** Der Autobus fährt um fünf Uhr.
Entfernung	***Mi pueblo está a dos kilómetros de aquí.*** Mein Dorf ist zwei Kilometer von hier.
Indirektes Objekt (Dativ)	***Le regalamos un disco a nuestro amigo.*** Wir schenken unserem Freund eine CD.
	A mi profesora le gusta este libro. Meiner Lehrerin gefällt dieses Buch.
Direktes Objekt (Akkusativ, nur bei Personen)	***Cada semana visito a mi abuela.*** Jede Woche besuche ich meine Großmutter.
	Aber: *Visitamos el Museo del Prado.* Wir besichtigen das Pradomuseum. Nach dem Zeitwort ***tener*** kommt kein ***a***, auch wenn das Akkusativobjekt eine Person ist: *Tengo una hermana.* Ich habe eine Schwester.

Wichtige Redewendungen mit *a*:
jugar al fútbol/tenis ► Fußball/Tennis spielen
ir a pie ► zu Fuß gehen
ir + a + Infinitiv drückt die nahe Zukunft aus:
*Esta tarde **vamos a estudiar**.* – Heute Nachmittag werden wir lernen.

A 272

Setze die Präposition *a* (bzw. *al*) ein, wo sie notwendig ist:

1. *¿Conoces .... el Museo del Prado?*
2. *No tengo tiempo para ir .... supermercado.*
3. *Ahora vamos .... estudiar .... los verbos irregulares.*
4. *Federico tiene .... tres hermanos.*
5. *Este año vamos .... visitar .... nuestros amigos chilenos.*
6. *.......... mucha gente no le gustan los mariscos.*
7. *En la escuela jugábamos mucho .... baloncesto.*
8. *No está lejos, podemos ir .... pie.*
9. *.......... las tres de la tarde tenemos .... una reunión.*
10. *Me gustaría visitar .... la exposición de Picasso.*
11. *Todavía no hemos visto .... esta película.*
12. *Toledo está .... unos 70 kilómetros de Madrid.*
13. *Les voy .... enviar .... una postal .... mis abuelos.*
14. *Este verano viajaremos .... Francia.*
15. *Puedo ir en metro .... la oficina.*

A 273

Übersetze:

1. Den Jugendlichen gefällt diese Diskothek.
2. Ich werde dich heute besuchen.
3. Ich schreibe häufig E-Mails an meine Freunde.
4. Am Sonntag besuchen wir unsere Großeltern.
5. Kennst du Herrn González?
6. Nächste Woche fahren wir nach Sevilla.
7. Heute Abend gehe ich ins Theater.

A 274

Ordne die Sätze in die richtige Reihenfolge:

1. *jóvenes / a / les / interesa / no / política / muchos / la.*
2. *tarde / vamos / cine / al / esta.*
3. *autobús / a / el / llega / las / cinco.*
4. *¿te / jugar / gusta / al / baloncesto?*
5. *¿por qué / llamas / no / tu / a / novio?*
6. *regalar / a / voy / le / a / libro / Pedro / un.*
7. *a / mis / les / ir / hermanos / encanta / a / bailar.*
8. *no / yo / a / conozco / jefe / tu.*

Die Präposition *de* gibt an	
Herkunft (von, aus ...)	***Soy de Viena.*** – Ich bin aus Wien.
Material	***La camiseta es de algodón.*** Das T-Shirt ist aus Baumwolle.
Besitz	***Estas llaves son de Marta.*** Diese Schlüssel gehören Marta.
Zweiter Fall	***¿Conoces al hermano de Michael?*** Kennst du Michaels Bruder?
Mengenangaben	***Necesito medio litro de leche.*** Ich brauche einen halben Liter Milch.
Thema (von, über)	***El libro trata de la cultura maya.*** Das Buch handelt von der Mayakultur.
Datum	***Se casaron el dos de mayo de 2003.*** Sie heirateten am 2. Mai 2003.
Entfernung/Zeitangaben **von ... bis = *de ... a***	***El banco está abierto de 9.00 a 14.00.*** Die Bank ist von 9.00 bis 14.00 geöffnet.
	De Madrid a Toledo son sólo 70 kilómetros. Von Madrid nach Toledo sind es nur 70 km.

Einige wichtige Redewendungen mit *de:*
estar de acuerdo – einverstanden sein
estar enamorado/-a de alguien – in jemanden verliebt sein
aprender de memoria – auswendig lernen
estar de pie – stehen
de momento – im Augenblick
ir de vacaciones – auf Urlaub fahren
de vez en cuando – manchmal

Die Präposition *en* gibt an	
Ort (in, auf, an ...)	***Vivimos en Madrid.*** – Wir leben in Madrid.
	El libro está en la mesa. Das Buch liegt auf dem Tisch.
Zeitangaben: Monat, Jahr	***En abril llueve mucho.*** – Im April regnet es häufig.
Verkehrsmittel	***Voy en autobús a Barcelona.*** Ich fahre mit dem Bus nach Barcelona.

Einige wichtige Redewendungen mit *en:*
pensar en – denken an
decir algo en serio/en broma – etwas im Ernst/im Scherz sagen
hacer algo en secreto – etwas heimlich tun

A 275

Setze *a, de* oder *en* ein:

1. .... *vez* .... *cuando vamos* .... *la playa.*
2. *Tenemos clase* .... *9* .... *12* .... *la mañana.*
3. *Mónica siempre piensa* .... *su novio.*
4. *Carmen nos ha invitado* .... *comer* .... *su casa.*
5. *El libro* .... *español está* .... *la mesa.*
6. *¿*.......... *quién es este paraguas?*
7. .... *verano hace mucho calor* .... *Sevilla.*
8. *¿Cómo vais* .... *la escuela? ¿*.......... *metro o* .... *pie?*
9. *¿*.......... *qué trata esta película?*
10. *María está muy enamorada* .... *Guillermo.*
11. *Estos zapatos no son* .... *cuero auténtico.*
12. .... *el frigorífico hay tomates y pimientos.*
13. *El vino* .... *La Rioja es famoso* .... *todo el mundo.*
14. .... *mi novio no le gusta el vino tinto.*
15. *¿*.......... *dónde vais* .... *vacaciones este año?*
16. .... *el colegio teníamos que aprender* .... *memoria algunos poemas* .... *García Lorca.*
17. *Miguel de Cervantes murió el 23* .... *abril* .... *1616.*
18. *Por favor, póngame medio kilo* .... *gambas.*
19. *Carmen es* .... *Santander, pero vive* .... *Viena.*
20. *Trabajo* .... *una escuela* .... *idiomas* .... *Madrid.*
21. *¿Conoces* .... *marido* .... *Paloma?*
22. .... *aquí* .... *mi casa son sólo cinco minutos, podemos ir* .... *pie.*
23. *Hace poco hemos vuelto* .... *un viaje* .... *Austria.*
24. *Tengo que comprar un kilo* .... *tomates.*
25. *Mi jefe está* .... *acuerdo con la nueva campaña* .... *márketing.*

A 276

Korrigiere die Präpositionen in folgenden Sätzen:

1. *Vamos en la discoteca.*
2. *El príncipe está enamorado en una chica pobre.*
3. *El supermercado está abierto a 10.00 de 22.00 horas.*
4. *En las ocho de la tarde vuelvo a casa.*
5. *En el bar todo el mundo está a pie.*
6. *Pensamos de hacer un viaje a China.*

A 277

Übersetze:

1. Wir fahren mit dem Zug nach Sevilla.
2. Heute gehen wir nicht in die Schule.
3. Ich arbeite von 9 bis 16 Uhr.
4. Das Auto meines Vaters ist nicht neu.
5. Palomas Schwester lebt in Mexiko.
6. Mein Geburtstag ist am 23. Mai.

B *CON, SIN, ENTRE*

Die Präposition ***con*** gibt an	
Begleitung (mit, bei)	***Ayer fui de compras con una amiga.*** Gestern bin ich mit einer Freundin einkaufen gegangen.
	Vivo con una compañera muy simpática. Ich wohne bei einer netten Kollegin.
	Voy al cine con Ana. – Ich gehe mit Ana ins Kino.
	Aber: ***Voy en metro.*** Ich fahre mit der U-Bahn.
Mittel (mit)	***No me gusta escribir con lápiz.*** Ich schreibe nicht gerne mit Bleistift.

Verwendung von *con* mit einem Personalpronomen:
Wird *con* mit einem persönlichen Fürwort verwendet, gibt es in der ersten und zweiten Person eine Veränderung:
conmigo = mit mir, ***contigo*** = mit dir, ***con él/ella*** = mit ihm/ihr

Die Präposition ***sin*** gibt an	
Fehlen (ohne)	***No puedo vivir sin ti.*** Ohne dich kann ich nicht leben.
	Prefiero el café sin azúcar. Ich mag den Kaffee lieber ohne Zucker.

Die Präposition ***entre*** gibt an	
Räumliche Verhältnisse (zwischen)	***Los Pirineos están entre Francia y España.*** Die Pyrenäen liegen zwischen Frankreich und Spanien.
Zeitliche Verhältnisse (zwischen)	***Puedes venir entre las cinco y las seis.*** Du kannst zwischen fünf und sechs kommen.
Übertragene Bedeutung, vor allem bei Personen (gemeinsam, unter, zu …)	***Entre todos le regalamos un viaje.*** Wir schenken ihm alle gemeinsam eine Reise.
	Eso tiene que quedar entre nosotros. Das muss unter uns bleiben.
	Entre tú y yo no hay problemas. Zwischen dir und mir gibt es keine Probleme.
	¿Hay un médico entre los pasajeros? Gibt es unter den Passagieren einen Arzt?

B 278

Setze *con, sin* oder *entre* ein:

1. *Me gusta pasar las vacaciones .... mis amigos.*
2. *............... los alumnos hay algunos que hablan italiano.*
3. *............... ti me siento muy solo.*
4. *Esta tarde voy a tomar café .... Nuria.*
5. *¿Quieres un poco de leche? – No, gracias, el té me gusta más .... leche.*
6. *Por favor, tráigame un tequila .... limón.*
7. *Mi pueblo está .... Barcelona y Tarragona.*
8. *Tengo que trabajar mucho .... el ordenador.*
9. *No me gusta jugar .... mi hermano menor.*
10. *............... tú y yo vamos a terminar antes .... el trabajo.*
11. *Muchos jóvenes ya no pueden vivir .... móvil.*
12. *............... los tres podemos comprarle un cuadro a nuestro padre.*
13. *Esta noche salgo .... mis amigos.*
14. *El mes pasado Carlos se casó .... Ana.*
15. *Muchos niños se aburrirían .... la tele.*

B 279

Übersetze:

1. Willst du mit mir fahren?
2. Diese Angelegenheit (= *asunto*) muss unter uns bleiben.
3. Ich möchte den Tee mit Zitrone, aber ohne Zucker.
4. Ich kann heute nicht mit dir essen.
5. Ohne deine Hilfe werden wir nichts erreichen (= *lograr*).
6. Willst du in den Ferien bei uns wohnen?
7. Ich würde gerne mit ihm ausgehen.

A B 280

Wähle die richtige Präposition aus und setze die Lösungsbuchstaben in die untere Tabelle ein. Das Lösungswort ist ein typisch spanisches Gericht!

		a	*de*	*con*	*en*
1.	*Vivimos ... nuestros padres.*	F	B	T	A
2.	*Esta tarde no estoy ... casa.*	E	I	M	O
3.	*Ésta es la nueva moto ... mi hermana.*	A	R	S	U
4.	*Los niños todavía no han ido ... la escuela.*	T	F	I	P
5.	*La tienda cierra ... las dos de la tarde.*	I	L	M	U
6.	*No me gusta viajar ... avión.*	F	H	C	L
7.	*Estoy muy contento ... mi trabajo.*	O	G	L	R
8.	*Ayer hablamos ... un tema muy importante.*	I	A	M	L

1.	2.	3.	4.	5.	6.	7.	8.

C *POR* UND *PARA*

Diese beiden Präpositionen können leicht verwechselt werden, weil sie im Deutschen oftmals mit „für" übersetzt werden. Die wichtigsten Verwendungsweisen im Überblick sind:

por		*para*	
Ursache (aus, wegen)	***Lo hizo por amor.*** Er tat es aus Liebe.	**Ziel, Zweck** (um … zu, für)	***Leo para divertirme.*** Ich lese um mich zu unterhalten.
	Vengo por ti. Ich komme deinetwegen.		***El libro es para ti.*** Das Buch ist für dich.
Ungenaue Ortsangabe (durch, entlang, …)	***Me paseaba por el parque.*** Ich ging durch den Park spazieren.	**Zielpunkt** (nach)	***Salgo para Viena.*** Ich fahre nach Wien.
Tageszeit (am)	***Por la tarde estudio.*** Am Nachmittag lerne ich.	**Termin** (bis)	***Lo necesito para mañana.*** Ich brauche es bis morgen.
Preis (für, um)	***Lo compré por 15 euros.*** Ich habe es um 15 Euro gekauft.	**Bestimmung** (für)	***Este té es bueno para la salud.*** Dieser Tee ist gut für die Gesundheit.
Dank (für)	***Gracias por su interés.*** Danke für Ihr Interesse.		
Mittel	***La llamo por teléfono.*** Ich rufe sie an.		
Urheber beim Passiv (von)	***Ayer fui mordido por un perro.*** Gestern wurde ich von einem Hund gebissen.		

Porque **+ Nebensatz:** **weil …** ***Estudio porque mañana tengo un examen muy importante.*** Ich lerne, weil ich morgen eine wichtige Prüfung habe.	***Para que*** **+ Nebensatz (*subjuntivo*!):** **damit …** ***Nos enseñan mucho para que saquemos buenas notas.*** Sie bringen uns viel bei, damit wir gute Noten bekommen.

C
281

Setze *por* oder *para* ein:

1. *¿Cuánto has pagado .... el coche?*
2. *Hay un bar muy bueno .... aquí cerca.*
3. *Tenemos que trabajar en las vacaciones .... ganar un poco de dinero.*
4. *Vamos a la discoteca .... divertirnos.*
5. *Estas flores son .... ti.*
6. *Mañana .... la tarde tengo que ir al dentista.*
7. *No puede venir .... su enfermedad.*
8. *.............. muchos empresarios los beneficios son lo más importante.*
9. *Este tren sale .... Barcelona.*
10. *Le damos las gracias .... su apoyo.*
11. *Ayer .... la tarde salí con mis amigos.*
12. *.............. favor, hagan esta tarea .... mañana.*
13. *La ruta pasa .... Valencia y Alicante.*
14. *Vendí la bicicleta .... poco dinero.*
15. *.............. él, el deporte es una necesidad, tiene que moverse.*
16. *.............. aprender bien una lengua hay que hablarla mucho.*
17. *Lo veo dos veces .... semana.*
18. *Ayer lo llamé .... teléfono.*
19. *Se fue .... Francia, ... buscar trabajo.*
20. *Se fue .... los muchos problemas que tiene en casa.*
21. *Tenéis que mandar el paquete .... avión.*
22. *.............. Navidad, todo estará terminado.*
23. *Este político fue asesinado .... un terrorista.*
24. *Ayer me di un paseo .... la ciudad.*
25. *Trabajamos .... vivir, pero no vivimos .... trabajar.*

C
282

Setze *por/para* bzw. *porque/para que* ein:

1. *No puedo salir esta tarde .... tengo que trabajar.*
2. *Algunos jóvenes tienen problemas .... no tener amigos.*
3. *Este chico bebe mucho alcohol .... su novia lo ha dejado.*
4. *Nuria no come mucho .... perder peso.*
5. *El médico le aconseja una dieta .... esté en forma.*
6. *Le canto una canción al niño .... no tenga miedo.*
7. *Aprende alemán .... quiere trabajar en Austria.*
8. *Muchos jóvenes se hacen un piercing .... llevarles la contraria a sus padres.*
9. *Juan está triste .... su amiga está enferma.*
10. *Los jóvenes fuman .... así se sienten adultos.*
11. *.................. dejar de fumar hay que tener mucha disciplina.*
12. *Ha dejado de fumar .... tener problemas de salud.*
13. *Trabaja tanto .... sus hijos tengan una vida mejor.*
14. *He comprado una guía .... quiero hacer un viaje a Perú.*

D WICHTIGE ZEIT- UND ORTSANGABEN

Abgesehen von ***a, de, en, entre, por*** und ***para*** gibt es noch einige weitere, zum Teil mehrteilige Präpositionen, die für zeitliche und räumliche Bezüge verwendet werden:

Zeitangaben:

antes de vor, bevor	***Comemos algo antes de clase.*** Wir essen etwas vor dem Unterricht.
después de nach	***Nos podemos ver después de las once.*** Wir können uns nach elf Uhr sehen.
durante während	***He leído algo durante el viaje.*** Während der Fahrt habe ich gelesen.
dentro de in, innerhalb	***Envío el libro dentro de una semana.*** Ich schicke das Buch in einer Woche.
desde – hasta/ ***de – a*** von – bis	***Estamos en Madrid desde el 15 hasta el 25 de octubre.*** Wir sind von 15. bis 25. Oktober in Madrid.
desde **+ Zeitpunkt** seit	***Vivo en Viena desde 1990.*** Ich lebe seit 1990 in Wien.
desde hace **+ Zeitraum** seit	***Estudio español desde hace un año.*** Ich lerne seit einem Jahr Spanisch.
hace **+ Zeitraum** ***hace*** **+ Zeitraum +** ***que*** vor	***Se conocieron hace dos meses.*** Sie haben einander vor zwei Monaten kennen gelernt. ***Hace sólo una semana que vi a Carlos.*** Ich habe Carlos erst vor einer Woche gesehen.

Ortsangaben:

a la izquierda de/a la derecha de links/rechts von	***El parking está a la derecha del hotel.*** Der Parkplatz ist rechts vom Hotel.
delante de/detrás de vor/hinter	***Quedamos delante del restaurante.*** Wir treffen uns vor dem Restaurant.
encima de/debajo de auf/unter	***El gato está debajo de la silla.*** Die Katze liegt unter dem Sessel.
cerca de/lejos de nahe/weit von	***La oficina está cerca de mi casa.*** Das Büro ist in der Nähe meines Hauses.
al lado de neben	***Al lado del bar hay un estanco.*** Neben der Bar ist eine Trafik.
enfrente de/frente a gegenüber von	***Enfrente de mi casa hay un hotel.*** Gegenüber von meinem Haus ist ein Hotel.

D 283

Setze die passende Zeitangabe ein:

1. (Nach) .... *la comida nos gusta darnos un paseo.*
2. *Vivimos en Madrid* .... *dos años.*
3. *Me gusta dormir* (während) .... *el vuelo.*
4. *Estamos de vacaciones* .... *el uno* .... *el 20 de julio.*
5. *Trabajo en esta empresa* .... *1999.*
6. *¿Tomamos una copa* (vor) .... *la reunión?*
7. *Ya* .... *un mes que fui por última vez al cine.*
8. *El banco está abierto* .... *9.00* .... *14.00.*
9. *Conocí a mi novia* .... *dos años.*
10. *Los alumnos estuvieron muy atentos* .... *la clase.*
11. *Normalmente veo la tele* .... *ocho* .... *diez.*

D 284

Übersetze:

1. Neben dem Hotel gibt es ein gutes Restaurant.
2. Von 9 bis 13 Uhr haben wir Unterricht.
3. Vor der Kirche ist ein schöner Platz.
4. Mein Haus ist in der Nähe eines Parks.
5. Nuria lernt seit zwei Jahren Deutsch.
6. Vor fünf Monaten waren wir in Frankreich.

D 285

Ordne die Sätze:

1. *del / detrás / una / museo / hay / pensión.*
2. *¿cuándo / terminar / hasta / podrás / trabajo / este?*
3. *de / enfrente / la / el / ayuntamiento / está / iglesia.*
4. *hace / desde / meses / buscamos / tres / piso.*
5. *me / no / gusta / durante / comida / la / la / ver / televisión.*
6. *perro / debajo / cama / está / la / mi / de.*
7. *lado / de / al / la / hay / ventana / mesa / una.*

D 286

***Sopa de letras* – suche möglichst schnell neun Orts- und Zeitangaben (waagrecht, senkrecht und diagonal):**

H	A	S	T	A	L	S
A	N	E	R	D	E	E
C	T	R	A	U	L	N
E	E	M	P	T	E	C
O	S	S	A	I	J	I
D	E	N	T	R	O	M
D	E	T	R	A	S	A
D	U	R	A	N	T	E

LISTE DER WICHTIGSTEN UNREGELMÄSSIGEN SPANISCHEN VERBEN

Infinitivo	*Presente de indicativo (yo)*	*Presente de subjuntivo (yo)*	*Imperativo (tú)*	*Futuro imperfecto (yo)*	*Condicional simple (yo)*	*Imperfecto de subjuntivo (yo)*	*Pretérito indefinido (yo)*	*Pretérito imperfecto (yo)*	*Participio*	*Gerundio*
abrir	*abro*	*abra*	*abre*	*abriré*	*abriría*	*abriera*	*abrí*	*abría*	*abierto*	*abriendo*
andar	*ando*	*ande*	*anda*	*andaré*	*andaría*	*anduviera*	*anduve*	*andaba*	*andado*	*andando*
caber	*quepo*	*quepa*	*cabe*	*cabré*	*cabría*	*cupiera*	*cupe*	*cabía*	*cabido*	*cabiendo*
caer	*caigo*	*caiga*	*cae*	*caeré*	*caería*	*cayera*	*caí*	*caía*	*caído*	*cayendo*
dar	*doy*	*dé*	*da*	*daré*	*daría*	*diera*	*di*	*daba*	*dado*	*dando*
decir	*digo*	*diga*	*di*	*diré*	*diría*	*dijera*	*dije*	*decía*	*dicho*	*diciendo*
escribir	*escribo*	*escriba*	*escribe*	*escribiré*	*escribiría*	*escribiera*	*escribí*	*escribía*	*escrito*	*escribiendo*
estar	*estoy*	*esté*	*está*	*estaré*	*estaría*	*estuviera*	*estuve*	*estaba*	*estado*	*estando*
haber	*hay* (3.P.EZ)	*haya* (3.P.EZ)	–	*habrá* (3.P.EZ)	*habría*	*hubiera*	*hubo* (3.P.EZ)	*había* (3.P.EZ)	*habido*	*habiendo*
hacer	*hago*	*haga*	*haz*	*haré*	*haría*	*hiciera*	*hice*	*hacía*	*hecho*	*haciendo*
ir	*voy*	*vaya*	*ve*	*iré*	*iría*	*fuera*	*fui*	*iba*	*ido*	*yendo*
oír	*oigo*	*oiga*	*oye*	*oiré*	*oiría*	*oyera*	*oí*	*oía*	*oído*	*oyendo*
morir	*muero*	*muera*	*muere*	*moriré*	*moriría*	*muriera*	*morí*	*moría*	*muerto*	*muriendo*
poder	*puedo*	*pueda*	*puede*	*podré*	*podría*	*pudiera*	*pude*	*podía*	*podido*	*pudiendo*
poner	*pongo*	*ponga*	*pon*	*pondré*	*pondría*	*pusiera*	*puse*	*ponía*	*puesto*	*poniendo*
producir	*produzco*	*produzca*	*produce*	*produciré*	*produciría*	*produjera*	*produje*	*producía*	*producido*	*produciendo*
querer	*quiero*	*quiera*	*quiere*	*querré*	*querría*	*quisiera*	*quise*	*quería*	*querido*	*queriendo*
saber	*sé*	*sepa*	*sabe*	*sabré*	*sabría*	*supiera*	*supe*	*sabía*	*sabido*	*sabiendo*
salir	*salgo*	*salga*	*sal*	*saldré*	*saldría*	*saliera*	*salí*	*salía*	*salido*	*saliendo*
ser	*soy*	*sea*	*sé*	*seré*	*sería*	*fuera*	*fui*	*era*	*sido*	*siendo*
tener	*tengo*	*tenga*	*ten*	*tendré*	*tendría*	*tuviera*	*tuve*	*tenía*	*tenido*	*teniendo*
traducir	*traduzco*	*traduzca*	*traduce*	*traduciré*	*traduciría*	*tradujera*	*traduje*	*traducía*	*traducido*	*traduciendo*
traer	*traigo*	*traiga*	*trae*	*traeré*	*traería*	*trajera*	*traje*	*traía*	*traído*	*trayendo*
venir	*vengo*	*venga*	*ven*	*vendré*	*vendría*	*viniera*	*vine*	*venía*	*venido*	*viniendo*
ver	*veo*	*vea*	*ve*	*veré*	*vería*	*viera*	*vi*	*veía*	*visto*	*viendo*
volver	*vuelvo*	*vuelva*	*vuelve*	*volveré*	*volvería*	*volviera*	*volví*	*volvía*	*vuelto*	*volviendo*

GRAMMATIKALISCHE BEGRIFFE

Begriff	deutsche Beispiele
Adjektiv (*adjetivo*), Eigenschaftswort	schön, klein, gut
Adverb (*adverbio*), Umstandswort	neulich, mehr, schon
Artikel (*artículo*)	bestimmte: der, die, das unbestimmte: einer, eine, eines
Demonstrativpronomen (*pronombre demostrativo*), hinweisendes Fürwort	diese/r/s, jener
Futur I (*futuro imperfecto*), Zukunft	ich werde kommen, er wird fahren
Futur II (*futuro perfecto*), Vorzukunft	ich werde gekommen sein, er wird gefahren sein
Imperativ (*imperativo*), Befehlsform	komm!, kommen Sie!, kommt!
Indefinitpronomen (*pronombres indefinidos*), unbestimmte Fürwörter	jemand, etwas
Infinitiv (*infinitivo*), Nennform	laufen, kommen, sein
Konditional (*condicional*), Bedingungsform	ich würde sagen
Modalverb (*verbo modal*)	müssen, können, dürfen
Nomen (*sustantivo*), Substantiv, Hauptwort	Buch, Brief, Frau
Partizip (*participio*), Mittelwort der Vergangenheit	gelaufen, gekommen, gewesen
Passiv (*voz pasiva*), Leideform	ich werde gebissen
Perfekt (*pretérito perfecto*), kann auch dem spanischen *indefinido* oder *imperfecto* entsprechen, Vergangenheit	ich bin gelaufen, ich habe gesagt
Personalpronomen (*pronombre personal*), persönliches Fürwort	ich, mir, mich
Plusquamperfekt (*pretérito pluscuamperfecto*), Vorvergangenheit	ich hatte gesagt
Possessivpronomen (*pronombre posesivo*), besitzanzeigendes Fürwort	mein, dein, sein
Präposition (*preposición*), Vorwort, Verhältniswort	in, auf, für
Präsens (*presente*), Gegenwart, Jetztzeit	ich laufe, ich fahre
Präteritum (*indefinido, imperfecto*), Mitvergangenheit	ich lief, ich fuhr
Reflexives Verb (*verbo reflexivo*), rückbezügliches Zeitwort	sich waschen, sich freuen
Relativpronomen (*pronombre relativo*), bezügliches Fürwort	der, die, das, welcher, welche, welches, dessen, deren
Verb (*verbo*), Zeitwort, Tunwort	sagen, essen, trinken

STICHWORTVERZEICHNIS